家康はなぜ乱世の覇者となれたのか

安部龍太郎

幻冬舎文庫

家康はなぜ乱世の覇者となれたのか

目次

DTP　美創
図版提供　アトリエ・プラン

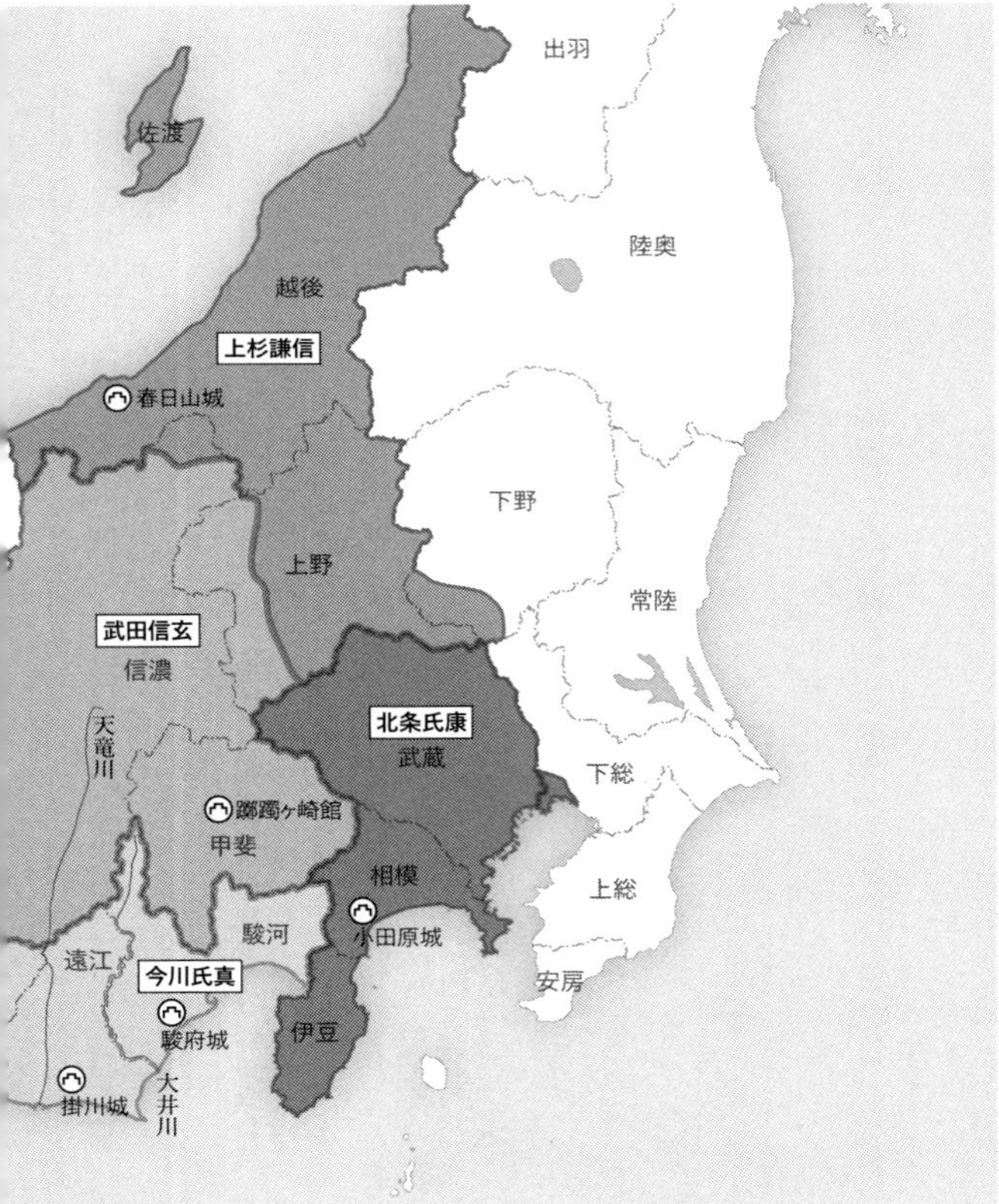
出羽
佐渡
陸奥
越後
上杉謙信
春日山城
下野
上野
常陸
武田信玄
信濃
北条氏康
武蔵
天竜川
下総
躑躅ヶ崎館
甲斐
相模
上総
小田原城
駿河
遠江
今川氏真
安房
駿府城
伊豆
掛川城
大井川

家康の徳川改姓当時、永禄九年（一五六六）ごろの勢力図

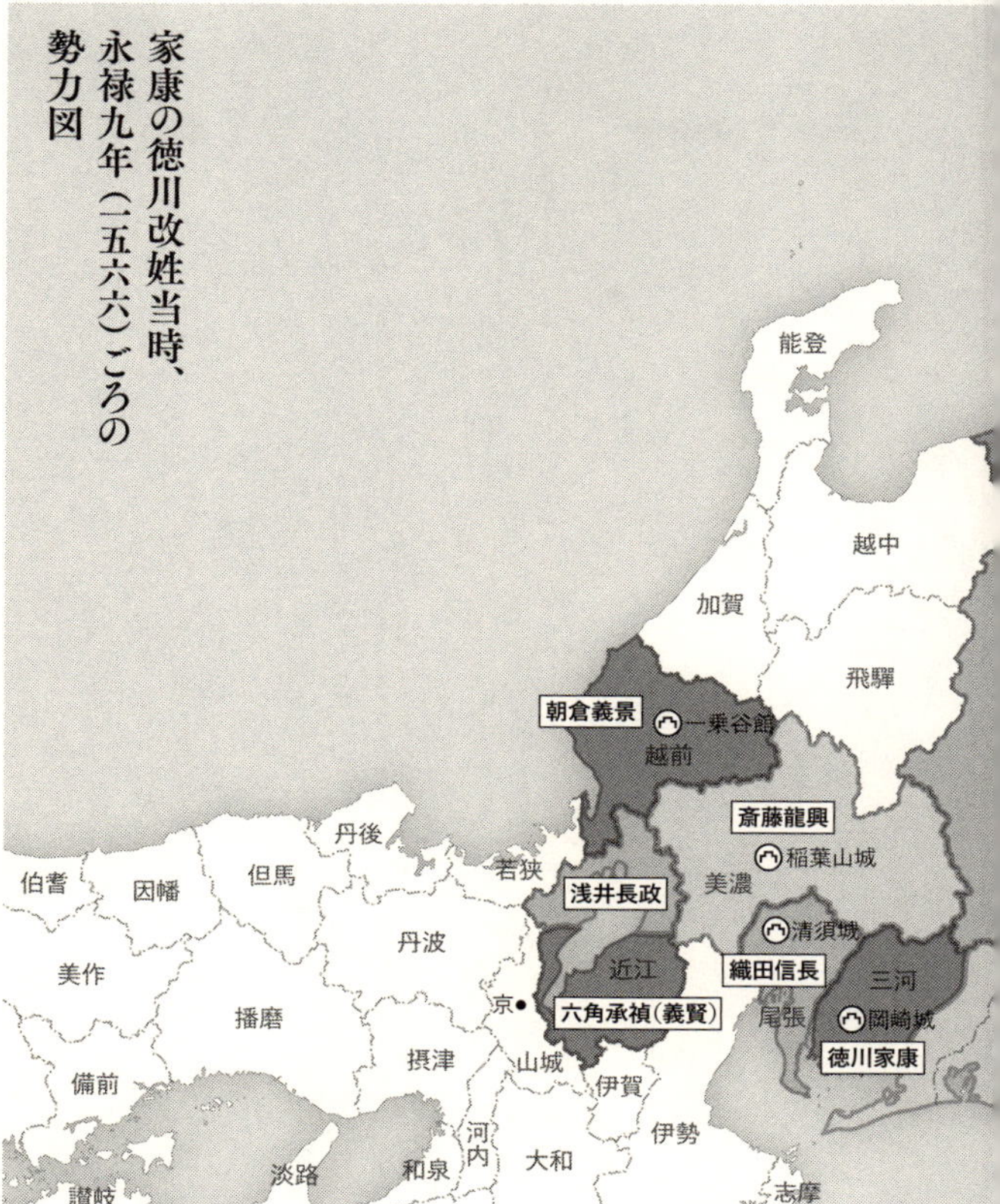

第一章

世界史のなかの戦国時代と家康

なぜ戦争は終わらないのか

二十一世紀になって、はや二十二年がたちました。一九九一年の冷戦の終了によって、イデオロギーの時代は終わり、平和が訪れると期待したのもむなしく、その後も民族、宗教などが原因となり国際紛争が止むことはありません。二〇二二年には、ロシアによるウクライナ侵攻が世界の話題をさらいました。

「永遠の平和」がたとえ幻想だとしても、平和を望まない人はいません。それはいつの時代も同じでしょう。しかし、それは戦乱が止むことはないという「現実」と背中合わせになっています。戦乱の世だからこそ、平和を求める。それが人間の本質なのかもしれません。

一方で、ロシアのプーチン大統領のように、自ら好んで戦乱を招き、そのなかで個人的、国家的な欲望を満たそうという人間もいます。二十一世紀の今日にいたっても、そういう人間がいることは驚きですが、戦乱が日常であった乱世においては、おそらく枚挙にいとまがなかったでしょう。

高まる「家康」への関心と期待

日本の戦国時代を振りかえってても、それは実感できます。戦国武将とは、戦いのなかを生き、戦いのなかで成長し、戦いのなかで自己実現を図った人々です。互いの野望が衝突しあうからこそ、戦乱が止むことはないのです。

しかし、日本最大の乱世である戦国時代において、本気で平和を求めた武将がいます。それが徳川家康《とくがわいえやす》（松平元康《まつだいらもとやす》）だと、私は考えています。しかも、家康は平和を夢想して、誰かが乱世を鎮《しず》めてくれることを待つだけの人間ではありませんでした。戦いを止めるためには何が必要か。それを誰よりも真剣に考え、家康は戦いに勝利して乱世の覇者《はしゃ》となる道を選びました。そして、達成されたのが「徳川の平和（パックス・トクガワーナ）」です。

そんなおりから、二〇二三年放送のNHKの大河ドラマは約四十年ぶりに家康を主人公とする「どうする家康」であることが発表され、家康の地元と言うべき静岡県、愛知県を皮切りに、家康についての関心が、大河ドラマへの期待とともに高まっています。

本書では、家康がなぜ乱世を生きぬいて最終的な勝者、つまり覇者となれたかを、私なりの視点で語ってみたいと思います。

変わってきた戦国時代のイメージ

歴史の研究は日進月歩です。私が少年時代に学んだり読んだりしていた戦国時代のイメージは、かなり書き換えられています。家康をめぐる状況についても、さまざまな発見があり、新史料が見つかり、新たな説が提唱されています。

戦国時代の研究におけるもっとも顕著な変化は、戦国の世をグローバルにとらえた研究が登場してきたことです。日本の戦国時代は、世界的に見れば大航海時代にあたります。日本もけっしてそれと無縁ではなかった。とくに鉄砲が西欧から日本へもたらされたことは、とてつもない大きな意味を持っていました。

鉄砲伝来の意義そのものについては、これまでも注目されていましたが、鉄砲を撃つために必要な火薬の原料である硝石《しょうせき》はどうやって手に入れたのか。鉄砲の弾の原料である鉛《なまり》はどこからもたらされたのか。こういった点にはほとんど注意は向けられてきませんでした。

しかし、近年の研究によって、硝石はだいたい織田信長《おだのぶなが》の時代まではほぼ一〇〇%輸入だったことが明らかになり、鉛についてもだいたい四分の三が海外からの輸入に頼っていたことが分かってきました。しかも日本にもたらされた鉛の産出地がタイのソントー鉱山だったということまで突きとめられています（1-1）。

このあたりについては、またあらためて第六章で触れたいと思いますが、大航海時代における戦国時代という見方をしなければ、戦国時代の本質は見えてこないということは、ぜひ強調しておきたいと思います。

家康の生涯を描く二つの理由

ではその新しいイメージの戦国時代を描くのに、なぜ家康なのか。第一の理由は、桶狭間《おけはざま》の戦いから大坂夏の陣にいたる五十五年間、戦国時代のメインと言える時期のほぼすべての出来事に、家康は準主役級として、ときには主役としてかかわって

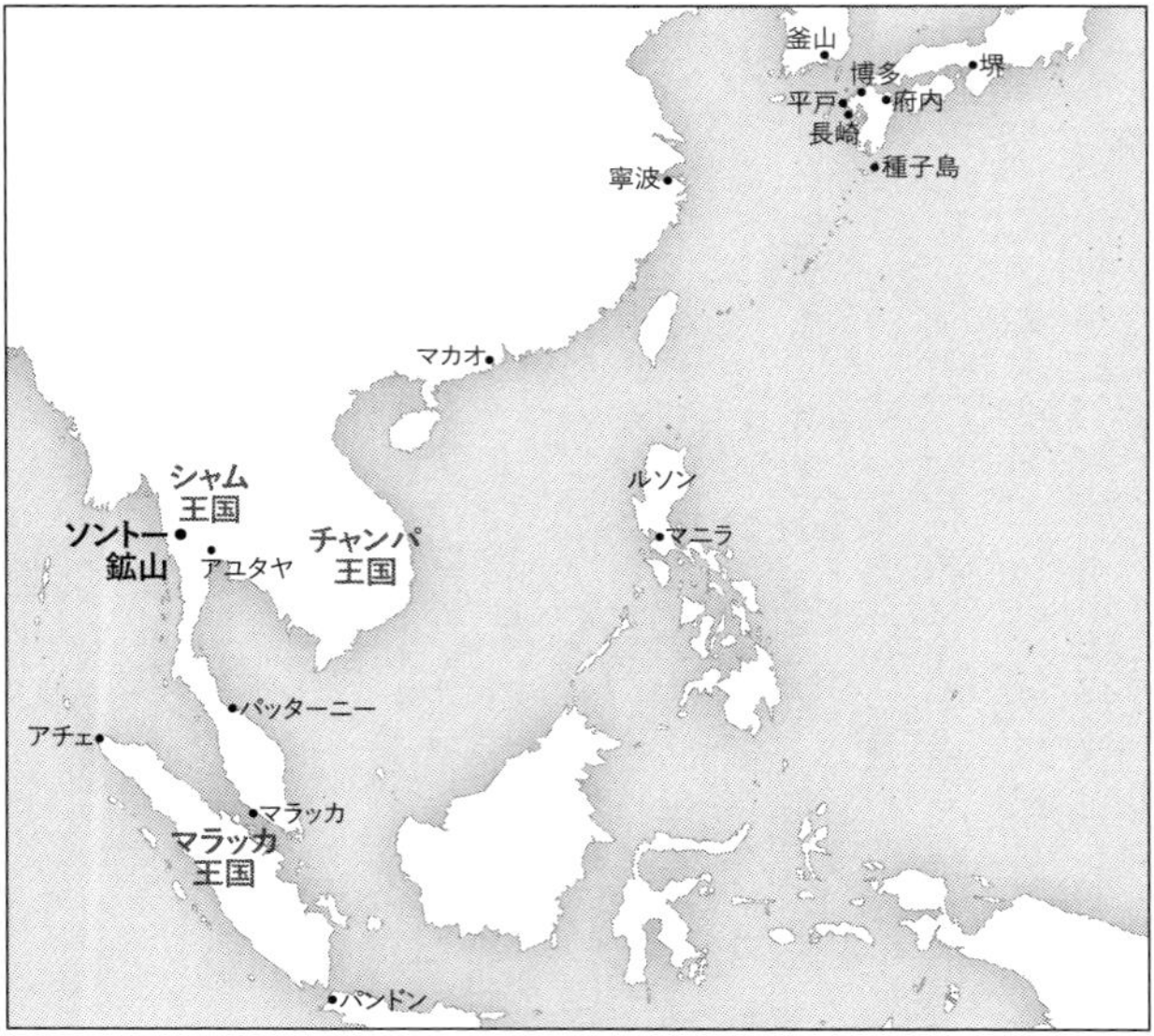

1-1　16～17世紀の東アジア世界と鉛交易拠点

います。ですから家康の人生を新たな視点で見なおすことによって、新しい戦国時代像を描きだすことができるのではないか。

もう一つの理由は、家康が旗印[2]に掲げた「厭離《おんり》穢土《えど》　欣求《ごんぐ》浄土《じょうど》」という言葉についてです。なぜ家康はこの言葉を掲げたのか。その意味が私にはやっと分かってきたのです。もちろん、この言葉が浄土《じょうど》教[3]の用語であることは、みなさんご存じでしょう。この世＝現世を「穢《けが》れた国土」と見なし、それを厭《いと》い離れ、清浄な国土である阿弥陀如来《あみだにょらい》の極楽世界への往生《おうじょう》を望むという意味であることも、よく知られています。

しかし、わざわざこの言葉を旗印に掲げ続けたのは、家康がこの世を本気で浄土に変えようという思想を持っていたからではないか。そう思うようになったのです。現代で言えば、政治家が掲げる政治方針（スローガン）に相当するでしょう。穢土のように穢れに満ちた日本を、浄土のような清浄な国土に変えていかなければならないと、家康は考えていたのではないか。

そう発見したことによって、これまでに流布してきた家康像とはだいぶ異なる家康の姿が見えてきたのです。

信長・秀吉が目指した日本とは

では、家康が直面していた時代は、どのようなものだったのか。その点について、私は『信長燃ゆ』をはじめ多くの歴史小説を執筆するにあたって最新の学説を学び、現地に足を運んで取材し、小説の作品世界を構築していくなかで培った一つの視点があります。この国においては、「重商《じゅうしょう》主義・中央集権」的な志向と「農本《のうほん》主義・地方分権」的な志向が、絶えず綱引きをしながら歴史が動いていくということです。

重商主義とは、外国との貿易によって国富を増大させる。そのために輸出産業を保護するという考え方です。中央集権とは、国家の運営にかかわる権限や財源を中央政府に一元化させるという考え方です。

その意味で、戦国時代は織田信長と豊臣《とよとみ》（羽柴《はしば》）秀吉《ひでよし》によって、「重商主義政策」と「中央集権政策」が強烈に推し進められ、それに対する反発も強くあった時代と言えると思います。

それ以前の室町幕府の政治は「守護領国制《しゅごりょうごくせい》」と呼ばれていますが、これは全国に配置された守護大名が土地や住民を支配し、彼らの領国支配を通じて幕府が全国を統治するというシステムです。

これは、「農本主義政策」であり「地方分権政策」と言えます。農本主義とは、国家運営の基礎を農業に置く考え方。国内生産と流通で経済を完結させるという発想です。地方分権政策は、国家の統治権を地方政府＝地域の勢力（権力）に移管させる考え方です。

ところが、十六世紀の日本は、大航海時代の世界との遭遇という大きな危機を迎えます。大航海時代については、第二章で触れますが、こうした危機に際し、日本は国制を転換する必要に迫られます。

そこで信長は、重商主義・中央集権体制による国家運営を目指していくようになります。それを非常にうまく引き継いだのが秀吉ですが、秀吉は重商主義・中央集権体制を強力に推進した結果、朝鮮出兵へと突き進むことになり、大破綻をきたしました。

慶長《けいちょう》三年（一五九八）の秀吉の死後、朝鮮出兵は中止されましたが[4]、そのときの日本が置かれた状況は、まさに昭和二十年（一九四五）八月十五日と同じだったのではないかと、私は思っています。それくらい日本は荒廃していた。とくに西日本では、出兵に伴う人夫の徴用と、年貢米《ねんぐまい》の負担に耐えかねて、農民が逃散《ちょうさん》[5]をした村がたくさんありました。逃散した農民は流民となって都市部に流れ込みます。これにより農村は荒廃し、都市部の治安も悪化します。

関ヶ原の戦いのもう一つの意味

こうした国家の荒廃をいかに立てなおすか、それが、家康と石田三成《いしだみつなり》に与えられた課題でした。豊臣政権の奉行、つまり実務官僚であった三成は、朝鮮出兵には失敗したけれども、秀吉が掲げた重商主義・中央集権体制は維持していくという立場でした。

これに対し家康には、小田原北条《おだわらほうじょう》（後北条）氏の滅亡後、関東に移封《いほう》[6]されて関八州《かんはっしゅう》[7]の再建を成功させたという実績がありました。そのとき家康が取った政策は、農本主義・地方分権政策だったのです。この方法を日本全国に広げることで日本を再建しようというのが、家康の考え方だったわけです。

つまり、関ヶ原《せきはら》の戦いにいたる三成と家康の対立は、従来の政策を維持するか、国制を大きく転換して室町幕府時代と同じ体制に戻すかという路線対立だと見ることができると思います。そして、関ヶ原の戦いに勝利した家康は、のちに幕藩体制と呼ばれる国家体制を作ることになります。

このあたりについては、第十章でもう一度確認したいと思います。

農本主義の意義

家康は、農本主義と地方分権を徹底させ、さらに身分制度を固定化します。ちなみに「士農工商《しのうこうしょう》」と呼ばれる身分制度は、あくまでも観念的なもので、実態としては支配層である「武士」、村に住む「百姓＝農民」、町に住む「町民」という、職能と居住地に応じた分化だったと考えるのが、現在の歴史学では主流のようです。

なぜ身分を固定化させ、国民を制約のもとに置いたのか。それは商業や流通という産業の持つ強大なエネルギーを抑え込まないと、重商主義の時代に逆戻りしてしまうと考えたからです。商業と流通とは貧富の差を拡大させます。それは現代の情報流通革命を例に挙げれば理解できるでしょう。ＩＴ産業やＡＩ開発事業は莫大な利益を上げますが、富が一部の人々に集まります。農業は食料自給や国土保全の観点からは重要ですが、商業のように大きな富にはつながりません。

家康の時代でも、農業を産業の基本とする限りにおいては、貧富の差はそれほど生じなかったはずです。家康が農本主義を取ったのは、貧富の差を是正し、誰もが食べられる世の中を作るためだったのです。そして、地方分権の目的は、国土の均等な発展だったと思います。

江戸時代の各藩の政治システムを見るとよく分かるのですが、石高《こくだか》[8]わずか一万石の小藩でも、百万石の加賀《かが》藩でも、藩主以下に家老がいて、藩士がいる。そして藩校があり藩医がいるといった、基本的には同じシステムが取られています。それは、幕府が全国三百藩の均等な発展を図っていたからです。

政治的なリアリスト

戦国時代には、飢えに苦しむ人が山ほどいました。それが家康が生きた時代の現実です。その人たちを、どうやって食べさせるのか。その責任は誰が持つのか。それを明確化していった結果、家康は農本主義と地方分権に向かうのが最適解であると、考えたのだと思います。

「厭離穢土　欣求浄土」に込められた浄土教思想は、本来は他力本願です。自らは阿弥陀仏の名を唱えるだけで極楽往生ができるというのが、その特徴です。難しいお経を覚えたり厳しい修行をしたりしなくても、極楽往生できる。これを「易行《いぎょう》」と言います。

しかし家康は、極楽往生の結果、行くことができる浄土を、いまこの世に現出せしめる。この世を誰もが食べて行ける浄土にしようと思った。そのために戦い続けるという選択をし、勝った末に浄土を実現しようとした。

一向一揆《いっこういっき》[9]は、自分たちが掲げる旗に「進者往生極楽　退者無間地獄」、つまり「進まば極楽、退《ひ》かば地獄」といったスローガンを掲げていましたが、家康はもっと政治的なリアリストでした。「死ねば極楽に行けるのだから、現世の苦しみを忘れよう」では、飢えている人々の精神の救済にはなるかもしれませんが、命を救うことはできないからです。

そう考えると、家康がその生涯をかけて取り組んださまざまなことの意味が、非常にクリアに見えてくるのです。

家康の遺訓の本当の意味

整理すると、農本主義によって貧富の差を解消し、地方分権によって国土の均等発展を目指すことが家康の国家方針であり、それこそが浄土を目指す意味だったと、私は理解しています。

しかし、それはそう簡単なことではありません。家康にとっては終生の目標であったでしょう。それがどれだけ遠い道のりであるかを家康は理解していたはずです。

そう考えると、家康が自らの政治思想や理想を語り残したものとして知られる「東照宮御遺訓《とうしょうぐうごいくん》」で、「人の一生は重荷を負ひて遠き道をゆくが如し、急ぐべからず」と語った意味も、よく理解できます。それはそれは長い道のりだったでしょうし、急いだところでどうなるものでもない。

よく家康の人生は、忍耐の人生と言われます。家康は浄土がそう簡単に作れるとは思っていません。だから長期にわたるビジョンを持っていたし、人生の目標を遠くに置いていた。家康がさまざまな苦難に耐えることができた理由は、まさにそこにあるのだと思います。

「厭離穢土　欣求浄土」を掲げたのはいつ？

ちなみに、「厭離穢土　欣求浄土」の旗印を家康が掲げるようになった時期はいつでしょうか。私は、三方ヶ原《みかたがはら》の戦いの直前だった気がしています。研究者のなかには、もう少し遅い時期だったとおっしゃる方もおられますが、その時期の史料に「厭離穢土　欣求浄土」の旗印についての記述が見られたとしても、実際に旗印を掲げはじめた時期はそれよりさかのぼると考えるほうが自然です。

三方ヶ原の戦いのとき、家康は強大な武田《たけだ》軍を前に追い詰められていました。人生最大の危機と言っていいでしょう。追い詰められていたからこそ、自分の思想や理想を純化していったのではないか。家康の危機は、家臣たちの危機でもありました。この旗印を掲げることで、家康は自らを鼓舞し、家臣たちを奮い立たせたのだと、私は考えています。

第二章で、まず戦国時代と同時代の世界情勢のポイントを説明したうえで、第三章以降、家康の「覇者」への道のりを順番にたどりながら、家康がなぜ乱世の覇者となれたのかを見てまいります。

1　十五～十七世紀前半、スペイン・ポルトガルをはじめとする西ヨーロッパ諸国が、航海技術の発達を背景に地球規模での海外進出を行った時代。
2　戦場で目印として軍旗に掲げた言葉や図柄、文様。
3　平安時代、空也《くうや》が行脚で浄土信仰と念仏をすすめ、源信《げんしん》が『往生要集《おうじょうようしゅう》』で基礎を築いた。厳しい戒律や修行の必要がなく、不安定な世相と相まって貴族から庶民まで広く浸透した。
4　昭和天皇による玉音《ぎょくおん》放送により、太平洋《たいへいよう》戦争の敗戦が日本人に広く知らされた日。
5　農民が耕作を放棄して他所へ逃れること。中世には、支配者に対する抵抗として集団で行われた。
6　大名などの領地を移すこと。転封《てんぽう》、国替え。
7　関東の八ヶ国の総称で、武蔵《むさし》（東京都・埼玉県・神奈川県東部）、相模《さがみ》（神奈川県）、上野《こうずけ》（群馬県）、下野《しもつけ》（栃木県）、上総《かずさ》（千葉県中部）、下総《しもふさ》（千葉県北部・茨城県南部）、安房《あわ》（千葉県南部）、常陸《ひたち》（茨城県北東部）。
8　土地を米の生産量で表す単位で、年貢・諸役を割り当てて負担させるための基準。豊臣秀吉による太《たい》

9　閤検地《こうけんち》以降、江戸時代を通じて用いられた。
浄土真宗《じょうどしん》（一向宗）の信者が起こす一揆で、室町時代中期（十五世紀）から戦国時代にかけて頻発した。

第二章

大航海時代としての戦国時代

大航海時代の幕開け

第一章で触れた、大航海時代について、あらためて考えてみます。

徳川家康が生まれたのは、天文《てんもん》十一年十二月二十六日、キリスト教圏のグレゴリオ暦[1]にあてはめると一五四三年二月十日ということになります。この年は、種子島《たねがしま》に鉄砲が伝来したとされる年です。戦国の日本が、西欧文明と出会った象徴的な年でもあります。

この時代、ヨーロッパ世界は大航海時代の真っただなかにありました。

なぜ大航海時代が起こったのか。非常に大ざっぱではありますが、説明します。

ヨーロッパ世界の南西端に位置するイベリア半島では、ローマ帝国の衰亡によって、八世紀以来、ムスリム（イスラム教徒）勢力がこの地を支配していました。これに対し、キリスト教国家が、再びイベリア半島を取り返そうという運動を八百年近くも続けます。この運動をレコンキスタ（国土回復運動）と呼びます。

このレコンキスタは十五世紀末まで続き、ついにムスリム勢力はイベリア半島から駆逐《くちく》され、カトリック教徒による国家であるスペイン王国とポルトガル王国がイベリア半島を支配するようになります。

大航海時代とは、十五世紀から、ヨーロッパ諸国が大西洋やインド洋に進出し、探検航海によって新たな世界を発見していった時代を指します。しかし「発見」というのはあくまでもヨーロッパの人々の視点であって、南米でもアジアでも、現地にはすでにさまざまな人種・文明・国家が存在していました。ヨーロッパの人々は、自分たちキリスト教圏の世界を正統なものと見なし、その価値観を絶対と見る視点から、異なる文明との出会いを、「未開の地を〝発見〟した」と表現したわけです。

この大航海時代を主導したのが、カトリック国のスペインとポルトガルでした。一四九二年には、スペイン国王の支援を受けたイタリア・ジェノバ出身の探検家クリストファー・コロンブスが大西洋を西に進んでアメリカ大陸に到達します。一五二二年には、同じくスペインの支援を受けたポルトガル出身の探検家フェルディナンド・マゼランが、スペイン艦隊を率いて世界一周を実現します。

一方、一四九八年にはポルトガル艦隊の司令官ヴァスコ・ダ・ガマがアフリカ大陸の南端を回ってインド洋にいたることに成功し、新たな航路を開きました。

スペインとポルトガルは、こうした探検航海の成果を活かして大規模な海外交易に乗りだし、コショウなどの香辛料、織物、宝石等々、アジアの物産をヨーロッパに持ち込んで、大きな利益を上げます。

と同時に重要なのは、スペインとポルトガルが、キリスト教の布教活動にも力を入れたことです。彼らの支援のもと、イエズス会などの宣教師が、アフリカ・アメリカ・アジアを訪れ教えを広めました。

大航海時代のスペイン・ポルトガルと戦国時代の日本との関係については、近年、研究が盛んになっていまして、東北大学名誉教授の平川新《ひらかわあらた》さん、東京大学史料編纂《しりょうへんさん》所《じょ》準教授の岡美穂子《おかみほこ》さんなどが、イエズス会の動きに注目した貴重な研究成果を発表しています。私も、こうした研究から多くを学びました。

スペインとポルトガルによる世界分割

スペイン、ポルトガル両国の海洋進出が本格的になると、やがて覇権をめぐって両国の間に軋轢《あつれき》が生じるようになります。一五二〇年ごろ、両国はともに、香辛料

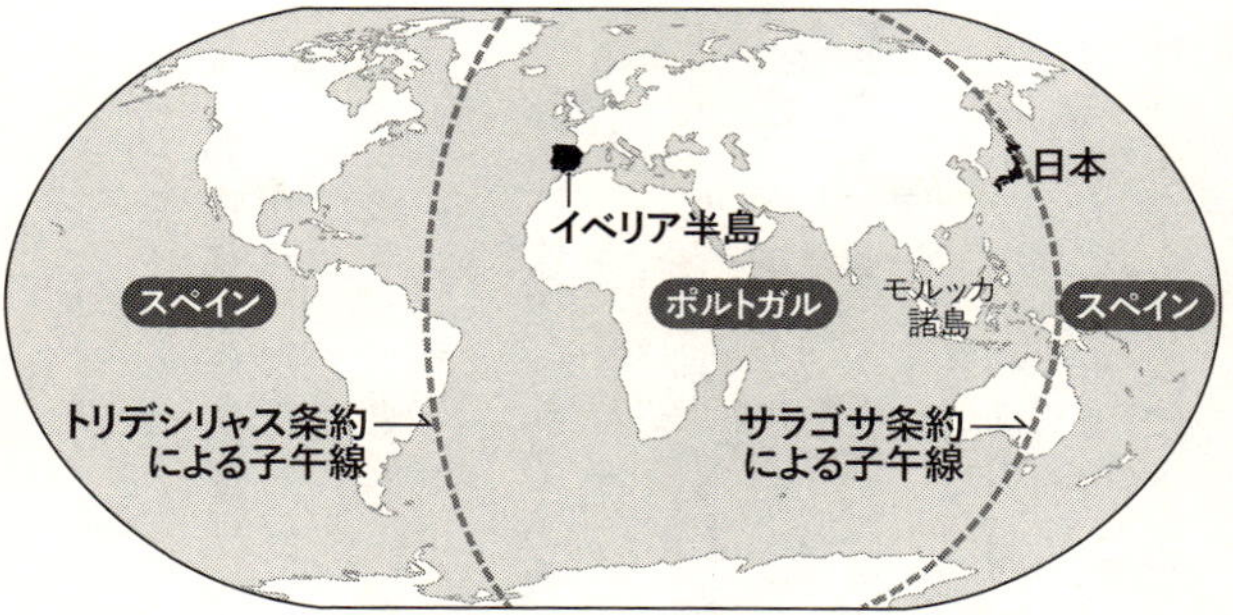

2-1　トリデシリャス条約とサラゴサ条約による分割

の産地であり、現在はインドネシアに所属するモルッカ（マルク）諸島の領有を主張し対立しました。そして、両国は一五二九年にサラゴサ条約を締結。モルッカ諸島の東を両国の境界とし、そこから西のすべての地と海をポルトガルが領有し、東のすべてをスペインが領有するという取り決めをします（2-1）。

　両国はすでに一四九四年にトリデシリャス条約によって大西洋上に子午線[2]を定め、そこから西はスペインに、東はポルトガルに帰属するという世界分割を取り決めていましたから、このサラゴサ条約によって、完全に世界を二つに分けてスペインとポルトガルで分け合うことになったのです。

　サラゴサ条約締結時、両国はアジアへの進出を盛んに行っていたので、このとき引かれた境界線を、アジアにおける両国の植民地分界線とも呼びます。

現代の感覚からすると、まことに手前勝手な主張であり、取り決めですが、当時のヨーロッパ世界、とくにスペインとポルトガルでは、そのように世界をとらえ、日本を含むアジアを見ていたのです。

鉄砲伝来に秘められた狙い

この「世界分割」の理屈にのっとるならば、日本はポルトガル領となることになります。ポルトガル国王は、このような一方的な植民地化を正当化するために、ローマ教皇に働きかけてイエズス会の日本への派遣を促したのです。

ポルトガルの商人が種子島に鉄砲をもたらしたのは、こうした状況を踏まえて理解する必要があります。南蛮人が日本にやってきたのは、ポルトガルの世界戦略の一環でした。

鉄砲伝来の経緯については、諸説あります。従来、『鉄炮記《てっぽうき》』という史料をもとに、天文十二年（一五四三）に種子島に漂着したポルトガル人が鉄砲をもたらしたと言われてきました。この『鉄炮記』は、江戸時代初期の慶長十一年（一六〇六）に、種子島の領主である種子島久時《たねがしまひさとき》が薩摩《さつま》（鹿児島県西部）の禅僧・南浦文之《なんぽぶんし》に編纂させた鉄砲伝来の逸話を物語る史料ですが、現在では、その信憑性に疑問が持たれています。

実際には、倭寇《わこう》[3]が東南アジアから火縄銃をもたらしたと考える説や、後期倭寇の中心人物であった中国（明《みん》国）の商人の王直《おうちょく》という人物が、中国のジャンク船にポルトガルの商人を乗せて種子島にいたり、鉄砲を伝えたとする説もあり、確定していません。

キリスト教の拡大とイエズス会

イエズス会のフランシスコ・ザビエルが鹿児島県の坊津《ぼうのつ》に上陸したのは、天文十八年（一五四九）のことです。イエズス会は、神学教授マルティン・ルターらのいわゆる宗教改革によって、プロテスタント（新教）が勢力を伸ばしたことに対抗するため、カトリック（旧教）内の新たな運動として誕生した修道会です。ザビエルは、七人いた創立メンバーの一人でした。

イエズス会は、世界宣教、すなわちキリスト教圏の外の世界にカトリック信仰を伝えるという目的を掲げていました。そして、イエズス会の世界への布教拡大と、スペイン、ポルトガルの世界進出は、まったくの別物ではなく、密接にリンクしていました。

キリスト教に接した九州・西国の大名たちは、貿易の利を得るためにキリスト教の信仰にも接近します。信仰圏の拡大と商圏の拡大は、じつはパッケージだったのです。鉄砲もキリスト教も、偶然、同じ時期に日本に来たわけではありません。その意味で、鉄砲伝来はポルトガルの世界戦略の一環としてとらえるべきなのです。

ポルトガルの世界戦略

では、なぜポルトガルは日本に接近したのか。その狙いは石見《いわみ》銀山（島根県）だったと思われます。当時、ポルトガルのライバルであるスペインは、ボリビア南部のポトシ銀山で採掘した銀を、大量に明国に持ち込んで大もうけをしていました。

明国は当初、日本と同じように農本主義に基づいて米で役人の給料を払っていたのですが、このころから銀で払うようになっていました。スペインはそこに目をつけたのです。

ポルトガルは、なんとかこれに対抗したい。そうなると、日本の石見銀山を狙うしかない。当時、すでに石見銀山の銀は後期倭寇によって東南アジアに流れ込んでいました。しかも、ポトシ銀山の銀よりはるかに精度が高い。この銀を得るためにポルトガルが考えたのが、日本に鉄砲を売り込む戦略だったわけです。このあたりの感覚は、現代の商社マンと同じです。

日本に鉄砲の技術を教えて、どんどん売り込めば、戦国時代の日本では必ず爆発的な需要がある。鉄砲を普及させれば、あとから硝石と鉛を大量に、そして継続的に売ることができる。鉄砲を売り込んで銀を入手するばかりか硝石と鉛を売り続けて銀を入手し続けるという戦略です。これは日本に原子力発電所を売り込み、その後何十年もウランを継続的に売るという戦略に似ています。

キリシタン大名の「事情」

この時代にイエズス会が果たした役割は、キリスト教の普及だけではありませんでした。貿易の仲介業者としての役割を担い、さらに外交官としての役割も果たしたわけです。貿易のトラブルが起きれば、外交問題に発展しますから、その両方を担う存在が必要となる。当時、それができたのはイエズス会だけだったのです。

誰に鉄砲を売るか、どの大名に硝石と鉛を売るかは、イエズス会の宣教師が事実上決めていました。そうなると、買い手である大名は宣教師の言うことを聞かざるを得なくなります。おそらく宣教師たちは、キリスト教への改宗を条件に出したのではないでしょうか。大名本人も領民も、キリスト教への改宗を受け入れれば、貿易の利も武器も得ることができる。その結果、九州にはたくさんのキリシタン大名が生まれました。

大友宗麟《おおともそうりん》をはじめ、大村純忠《おおむらすみただ》、有馬晴信《ありまはるのぶ》などが競ってキリシタンに改宗し、領国にキリスト教布教を進め、イエズス会のために港を開きました。純忠にいたっては、長崎に港を開き、やがては港ごとイエズス会に寄進してしまいます。そうしてでも、貿易の利を獲得して、軍事物資を求める必要があったのです。

信長の先進性の源はどこにあったのか

九州に始まった、ウエスタン・インパクトに対応する戦国時代のパラダイムシフトは、やがて全国に広がってゆきます。鉄砲伝来によって武器のハイテク化が進み、戦国大名間での戦いにも変化が生じます。同時に、イエズス会のもたらした貿易・販売システムも、当時の日本に大きな変化をもたらしました。

この二つのインパクトによって、戦国時代は大きな変化をきたし、戦国大名たちも勝つための戦略を変化させることになります。そうしなければ生き残れない状況が訪れたわけです。

畿内近国の大名でそれにいち早く気づき、積極的に自己変革を成し遂げたのが織田信長でした。キリスト教の布教を許し、領内にセミナリオ[4]の建設を許す。一般的には、信長がキリスト教に寛容だったのは、旧来の仏教勢力をけん制するためだと言われています。

しかし実際には、信長にとってイエズス会宣教師は、軍事・技術・政治などあらゆる分野における「お雇い外国人」、あるいは「軍事顧問団」のようなものだったと私は考えています。彼らのなかには、軍事の専門家、建築の専門家、航海技術の専門家など、さまざまな分野の専門家がいました。信長は彼らの技術や知識を自らの施策に取り入れていきました。信長の斬新な戦略、戦術、政策などは、彼らから学んだものと見て間違いありません。

安土《あづち》城の建築にしても、琵琶《びわ》湖で建造した巨大な船にしても、明らかにヨーロッパ由来の技術と技術思想を転用したものでしょう。第四章で紹介しますが、信長が用いた、鉄砲と長柄の槍を組み合わせた戦術なども、十六世紀初頭にスペインがフランス軍を破った「テルシオ」と呼ばれる軍事編制に学んだものだと思われます。

信長や本能寺の変についての画期的な研究を進めている三重大学教授の藤田達生《ふじたたつお》さんは、もっと直接的に、信長は「キリスト教を保護する見返りにイエズス会から軍事的協力を得た。鉄砲や大砲といった新兵器にかかわる技術支援や軍事物資の供給は、信長の天下統一の大きな支えになった」と記しています。

信長の同盟者であった家康は、こうした信長の革新的な政治を目の当たりにし、鉄砲に代表される西欧文明を受け入れることの重要性を十分に理解したと思われます。

戦国大名は流通経済から生まれた

鉄砲をどれだけ準備しているか、硝石や鉛を入手するルートを確保しているか、それを購入するための資金を持っているか。それを理解しなければ、戦国時代を理解することはできません。

古い戦国時代観をお持ちの方は、「織田信長と上杉謙信《うえすぎけんしん》が戦ったらどっちが勝つか」といった夢想をなさることもあると思います。局地的な戦術レベルで見るならば、勝敗は分からないかもしれませんが、戦略的に見ればとても比較になりません。信長は大航海時代のグローバリズムに対応し、謙信はできなかった。その差は私たちが想像する以上に大きかったと思います。

一方で、大航海時代との触れ合いが戦国大名同士の抗争を激化させ、天下統一競争を熾烈《しれつ》なものにしていったと見ることもできます。それは、なぜ室町幕府の守護大名が没落し、戦国大名が台頭してきたのかという問題にもかかわってくる話です。

守護大名とは、そもそも農本主義的で地方分権的な存在です。やがて、南蛮貿易の開始により、大量の貨幣と商品が国内で流通するようになった。そうなると、流通を押さえている者が一番の金持ちとなり、力を持つようになる。それは誰かと言うと、守護大名のもとで港や流通経路を管理していた実務官僚でもある守護代[5]です。たとえば、信長が生まれた織田弾正忠《おだだんじょうのじょう》家は、尾張《おわり》（愛知県西部）の守護代ですらなく、尾張の下四郡を支配する守護代・織田大和守《おだやまとのかみ》家の一族に過ぎません。しかし、すでに信長の父・織田信秀《おだのぶひで》の代から尾張一国の軍勢を率いて美濃《みの》（岐阜県南部）の斎藤道三《さいとうどうさん》、駿河《するが》（静岡県中東部）の今川義元《いまがわよしもと》と戦っています。

さらには、伊勢《いせ》神宮の遷宮のために銭七百貫文[6]と材木を寄付したり、朝廷にも内裏[7]の修理費として銭四千貫文も献上しています。その「原資」はどこから来たかと言うと、津島《つしま》や熱田《あつた》の港から上がる津料《つりょう》（港湾利用税）、関銭（通行税）なんです。流通ルートを押さえていたから、それだけの資金を確保することができたわけです。

守護代でもない、国衆[8]のレベルから戦国大名となった例もたくさんあります。彼らも守護代からこうした商品流通経路と経済権益を奪い取ることで、新たな時代に対応した戦国大名へと成長することができました。この国衆という存在については、第三章で家康に絡めて詳しく触れます。

戦乱の時代となる三つの原因

流通経済に着目して戦国時代の日本を見ると、このようにとてつもない大きな変化があったことが分かります。しかし、こうした時代の変化は、けっして戦国時代だけの現象ではありませんでした。

そもそも中世以降の日本の歴史を振りかえりますと、一定の法則があることに気づきます。日本の対外貿易は、日宋《にっそう》貿易、日元《にちげん》貿易、日明貿易、南蛮貿易、そして幕末の対列強貿易という歴史をたどってきました。

そのなかで、まず①「貿易の活発化（グローバル化）」が起き、次に②「国内の経済構造の転換」が起きます。これは主に農本主義から重商主義への転換というかたちで現れます。信長や秀吉が重商主義国家を目指したのは、南蛮貿易の時代に合わせたパラダイムシフトだったと言えるでしょう。そして次に③「経済構造の変化に対応できた者たち」の台頭です。

この①②③は、じつは日本に戦乱の時代が起きた要因でもあります。日宋貿易のときは平清盛《たいらのきよもり》が台頭し、日元貿易のときは後醍醐《ごだいご》天皇が力を持った。そして室町幕府第三代将軍の足利義満《あしかがよしみつ》は日明貿易を通じて強大な力を持ち、南蛮貿易によって信長が天下を取る。いずれも海外との貿易を通じて重商主義・中央集権的な政治を目指した人物が戦乱を起こし、やがて勝利を収めます。

しかし、日本人は彼らを英雄視することはあっても、彼らが達成した重商主義や中央集権を、なぜか好まない。どうしても農本主義や地方分権の世に戻ろうという力学が働くのです。時代は清盛を選ばずに源　頼朝《みなもとのよりとも》を選んだ。同じく後醍醐天皇ではなく足利尊氏《あしかがたかうじ》を、義満ではなくその子で室町幕府第四代将軍の足利義持《あしかがよしもち》を、そして信長ではなく家康を選んだのです。

それはすべて、重商主義・中央集権的な政治を否定し、最終的には農本主義・地方分権的な政治を選んだ結果だと言えます。

律令制と天皇のシステム

なぜこうした歴史が生まれたのか、簡単に説明することは難しいのですが、そのヒントは古代天皇制国家における公地《こうち》公民制《こうみんせい》[9]にあるのではないかと私は推測しています。公地公民を中心とした律令制は、天皇を中心とする国造りを目指していますので、本来は中央集権的なシステムなのですが、その実態は農業を国家の基本とする農本主義的な発想に貫かれていて、全国の支配も国司《こくし》など地方官僚によって担われています。

考えてみれば、天皇という存在自体が、神話の世界から一貫して農業＝米作りを司《つかさど》る祭祀《さいし》の王としての性格を持ちますし、天皇は天上界から天降った神の子孫という扱いながら、日本には八《や》百万《およろず》の神がいるという世界観と同居しています。

つまり、天皇を中心とするこの国のあり方は、その根本においては農本主義・地方分権を志向しながら、ときにそれに対して反旗を翻《ひるがえ》す英雄が登場し、戦乱の世になる。しかし、最終的には天皇を中心とした農本主義・地方分権に戻ってくるというシステムになっているようです。

清盛も後醍醐天皇も義満も信長も、みな天皇制を否定こそしていませんが、従来の天皇をめぐるシステムとの間に、なんらかの対立を生じさせています。そのわけも、こうした見方をすると理解できるのではないでしょうか。

戦国時代のシルバー・ラッシュ

戦国時代に話を戻します。

南蛮貿易によって、それまでの数倍に上る商品と貨幣が国内に流通するようになります。そこで国内で起きたのは、「高度経済成長」です。対外貿易の拡大によって、対価としての銀の需要が爆発的となり、石見銀山をはじめとする銀山開発が進められ、まさにシルバー・ラッシュと言える状況が訪れます。

その影響は、国内の文化にも影響を与えます。力を蓄えた戦国大名たちによる築城ラッシュ。織豊系《しょくほうけい》城郭と呼ばれる城は、この時期に作られています。金を多用した狩野派《かのうは》[10]の障壁画《しょうへきが》や襖絵《ふすまえ》など、まさに絢爛豪華《けんらんごうか》たる安土・桃山《ももやま》文化が出現しました。

名古屋学院大学教授の鹿毛敏夫《かげとしお》さんは、室町時代から戦国時代初期にかけて、日本の主な輸出品は硫黄だったが、十六世紀半ばから銀鉱山の開発が進むと、銀が主な輸出品になったと説いておられます。鹿毛さんは、九州の大友氏や島津《しまづ》氏を硫黄資源のおかげで力をつけた「硫黄大名（サルファー大名）」と呼び、その後、石見銀山などの権益を獲得してのしあがり、銀を支配することで巨大化した毛利《もうり》氏や豊臣秀吉を「銀大名（シルバー大名）」と呼んでいます。非常に面白い視点です。

謎に包まれた「堺」

こうした戦国の高度経済成長を支えた富の集積地であり、内外の交易の拠点であったのが「堺《さかい》（大阪府中部）」であり、納屋衆《なやしゅう》と呼ばれる富裕な商人が支配していたことは有名です。信長がいち早く堺の重要性に気づき、支配の手を伸ばしたことでも知られています。

しかし、納屋衆と信長の支配関係、あるいは共存関係をうかがわせる史料は、ほとんど残っていないようです。私も何度か取材に現地を訪れたのですが、自治体史などに戦国時代の堺の実態を記した記述はほとんどありません。

江戸時代になると、幕府は基本的に商業の自由な活動を抑圧して、さまざまな規制のもとに置くようになります。商人による自治都市として知られる堺の存在は、その意味で都合が悪かったのかもしれません。

あるいは、戦国時代の堺に関する記録や史料は、幕府が没収してしまったのではないか。没収したのならどこかに保存されていて、これから見つかる可能性もあるでしょうが、私が知る限り、そうした史料を利用した研究者による体系だった研究はなく、個別の研究論文も数えるほどです。

堺の繁栄と鉱物資源

しかし、イエズス会の宣教師ルイス・フロイスは、堺のことを「富裕で諸国の物資が集まる市場のような所」と呼んでいますので、貿易都市として繁栄した事実は動かせません。堺市博物館学芸員の續伸一郎《つづきしんいちろう》さんによれば、火薬の主原料である硝石や硫黄が、堺以外の場所から堺に持ち込まれていて、それを証拠づけるものが見つかっているそうです。

堺環濠都市《さかいかんごうとし》遺跡と呼ばれる、堺の町跡から「四耳壺《しじこ》」という壺が発掘されました。そのなかには硫黄が貯蔵されていたそうです。第六章で詳しく触れる同位体分析という手法によると、この硫黄は豊後《ぶんご》（大分県）の九重連山《くじゅうれんざん》の硫黄山、もしくは由布《ゆふ》の伽藍《がらん》岳で産出されたものであることが分かります。この壺自体はタイの製品で、アユタヤ朝（十四～十八世紀）の首都アユタヤから日本へ輸出する物資の運搬容器とされていたものだということも分かりました。

續さんは、アユタヤからこの壺に硝石や鉛のインゴット[11]を入れて大友氏の本拠である豊後の府内《ふない》に輸入し、その壺をリサイクルして硫黄を詰め込み、堺に輸出した可能性があると指摘しています。

茶の湯の政治学

堺商人の側から見た史料は限られているので、彼らと手を組んだ信長や秀吉の側から類推するしかないのですが、おそらく彼ら堺商人、納屋衆の力を利用しなければ、全国政権を築くことは無理だったと思います。

納屋衆と言えば、千利休《せんのりきゅう》、今井宗久《いまいそうきゅう》、津田宗及《つだそうぎゅう》の三人が有名です。宗及などは堺で一番の豪商とされる天王寺《てんのうじ》屋の主人ですから、いまで言えば大手総合商社の会長といったところでしょう。

彼ら三人は信長に重用され、茶頭《さどう》、つまり茶の湯のトップに位置づけられて天下三宗匠《そうしょう》と呼ばれました。しかし、それは茶頭として据えたというだけでなく、信長は彼らを側に置くことで、他の納屋衆との調整役を担わせたのだと思います。

茶の湯というのは、ただお茶を飲むという趣味ではなく、ビジネスや政治と密接に絡んでいました。茶室はじつは商談の場でもあったのです。気密性が高く、誰も近寄れない。茶室で開かれる茶会に呼ばれるというだけで、超上流階級のメンバーズ・クラブに招かれたようなものだったのです。

そして、その茶の湯を広げ、茶会をプロデュースしたのが利休ら納屋衆だったことは重要です。納屋衆は、信長・秀吉・家康と続く天下人をはじめとする有力者に茶の湯を通じて接近し、商談と同時に政治の裏工作にもコミットしていたのです。

茶会を開ける、茶会に招かれるということは、そこでしか会えない特別な相手と密談をする資格を認められるということでした。秀吉や佐々《さっさ》成政《なりまさ》など信長配下の武将が、信長から茶器を拝領して茶会を開くことを許されて感激した話や、拝領した茶碗を「一国に替えても惜しくはない」などと大喜びする逸話があります。

茶会を開くことを許されるというのは、おそらく天下を動かす密談のネットワークに入ることを許されるということを意味していたのだと思います。信長には、茶会や茶の湯をそのように使う知恵があったわけです。私は京都で十五年ほど茶道を習いましたから、茶室の雰囲気やその隠れた意味についても実感できるのです。

家康も、利休ら茶人がプロデュースした茶会を通じて機密情報を集めたり、納屋衆との商取引や政治工作を行ったのでしょう。

このように、堺は高度経済成長期の戦国日本において、経済的にも政治的にも、きわめて重要なポジションにありました。そして茶室は、表立って話すことのできないような密談や、政治的な裏取引にも利用されたわけです。

江戸時代になって堺の実態が徹底的に歴史から排除された理由の一つは、そういう堺の持つ特殊な政治性だったのかもしれません。信長を通じて政治の世界にあまりに深入りしてしまった納屋衆自身が、その証拠を隠滅するために記録を抹消した可能性もあると思います。

1　太陽暦の一つで世界標準的に使用される暦法。一五八二年にローマ教皇グレゴリウス十三世が制定した。
2　南極と北極を結ぶ、赤道と直角に交わる線。経線とも言う。
3　十四～十六世紀を最盛期とする、朝鮮半島や中国大陸の沿岸を襲撃した海賊集団の呼称。「倭」と言っても日本人に限らず国籍などを超えた集団だった。前期倭寇は北九州や瀬戸内海沿岸の漁民・土豪が多く、日明（勘合）貿易の発展で一時鎮静した。だが十六世紀、アジアで貿易が活発になると武装した密貿易集団（後期倭寇）が活動範囲を広げ再び横行する。明国はやむを得ず海禁政策を緩和、秀吉の禁止令により鎮静化した。
4　イエズス会の学校。
5　鎌倉時代から室町時代、任地に赴任しない守護の職務を、現地で代行する職。
6　中国から伝わった銭貨（主に銅製の金属貨幣）を数えるための単位の一つ。一文銭千枚を一貫文とする。単に貫とも言う。
7　天皇の住居。御所。
8　室町時代、国ごとに軍事・行政を統括するために置かれた守護のなかで、勢力を伸ばした守護大名の

9　家臣。その領地に土着する荘官・有力名主などで、国人衆とも言う。
皇族・豪族による私地私民をやめ、律令制のもとで土地や人民を朝廷の公有とした制度。大化《たいか》元年(六四五)の大化の改新により実施された。公民を戸籍・計帳に登録して口分田《くぶんでん》を支給し、課税した(班田収授)。

10　室町中期、幕府の御用絵師・狩野正信《かのうまさのぶ》を始祖とする日本画最大の流派。子の元信《もとのぶ》は狩野派発展の礎《いしずえ》を確立、永徳《えいとく》・山楽《さんらく》・探幽《たんゆう》らが大成させた。とくに永徳の豪壮華麗な金碧障壁画は信長や秀吉に好まれ重用された。

11　金属を精製し、一定の大きさや形状に鋳造して塊としたもの。

第三章

人質時代の家康

家康のルーツと「十八松平」

徳川家康がこの世に生をうけたのは、第二章で見たように鉄砲伝来とされる年、天文十一年（一五四三）十二月のことです。家康が生まれた松平氏は、三河《みかわ》（愛知県東部）の松平郷を本拠とする土豪《どごう》[1]だったとされています。じつはそのルーツをめぐってはさまざまな伝承や謎が残されていて、未だに明らかではない部分もあります。

しかし、おおむね首肯されているのは、新田義重《にったよししげ》の子である得川義季《とくがわよしすえ》の子孫にあたる武士が南北朝時代[2]に松平郷に流れてきて、入り婿として松平家に迎えられて、松平親氏《まつだいらちかうじ》になったということです（3-1）。義重とは、八幡太郎《はちまんたろう》の名で知られる源義家《みなもとのよしいえ》の孫で、新田義貞《にったよしさだ》へとつながる新田氏の祖です。

親氏は南朝方だったので、幕府方に敗れ、追われるうちに三河にまで流れてきたのでしょう。徳阿弥《とくあみ》と名乗る貧しい僧侶として流れついたとも言われています。しかし、能力のある人物だったようで、おそらく松平一族からその力を見込まれて、

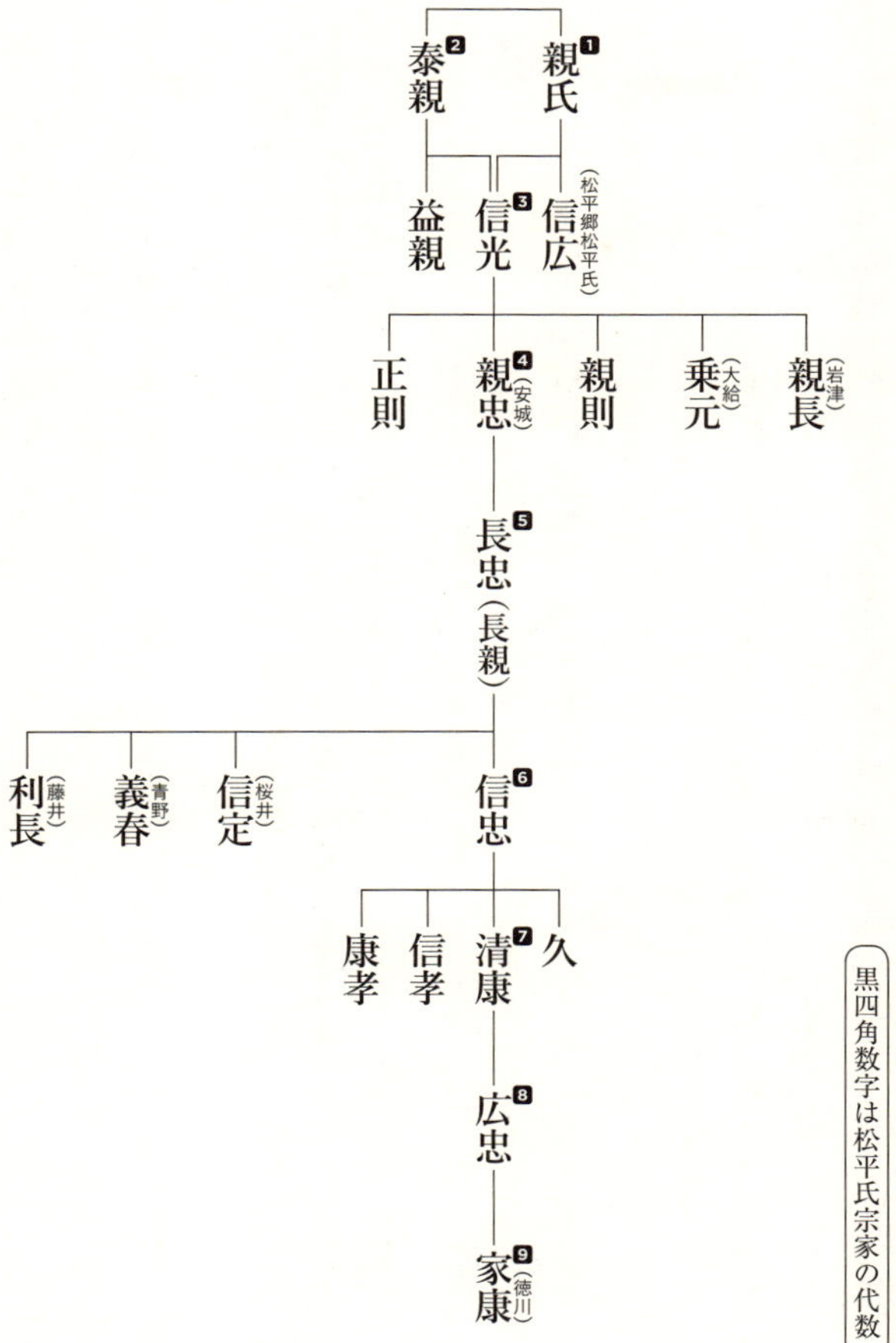
1 親氏
2 泰親
3 信光
信広（松平郷松平氏）
益親
4 親忠（安城）
正則
親則
乗元（大給）
親長（岩津）
5 長忠（長親）
6 信忠
信定（桜井）
義春（青野）
利長（藤井）
7 清康
久
信孝
康孝
8 広忠
9 家康（徳川）
黒四角数字は松平氏宗家の代数

3-1　松平氏略系図

婿入りしたのではないでしょうか。

親氏は、自分が新田氏の出である得川義季の血を引いていることを意識していたようで、親氏から数えて三代目の宗家・松平信光《まつだいらのぶみつ》（親氏の子とも言われる）の時代の記録に、それがうかがえます。

この信光という人物も優れた力量の持ち主だったようで、子どもをじつに四十人近くも作ったとされています。そのおかげで、一門が西三河中に広がり、「十八松平」と言われる一族による地域支配の原型となったわけです（3-2）。

この信光の子、四代目の松平親忠《まつだいらちかただ》が、家康の直接の先祖となります。松平氏の本家ではなく、分家（庶流）の出だったようですが、やはりその能力が認められ、本家に代わって松平一族を率いていくようになりました。そして十八松平家というゆるやかな連合体として西三河を治めるようになります。

おそらく、室町時代特有の「惣村《そうそん》」[3]のような、合議制で意思を決定する状況で、その惣村の長を松平氏が務めるというイメージではないでしょうか。

この「ゆるやかな連合体」という惣村の特徴が、あとに家康の時代に起きた三河一向一揆につながったのかもしれません。惣村的な平等性や合議制の精神は、一向

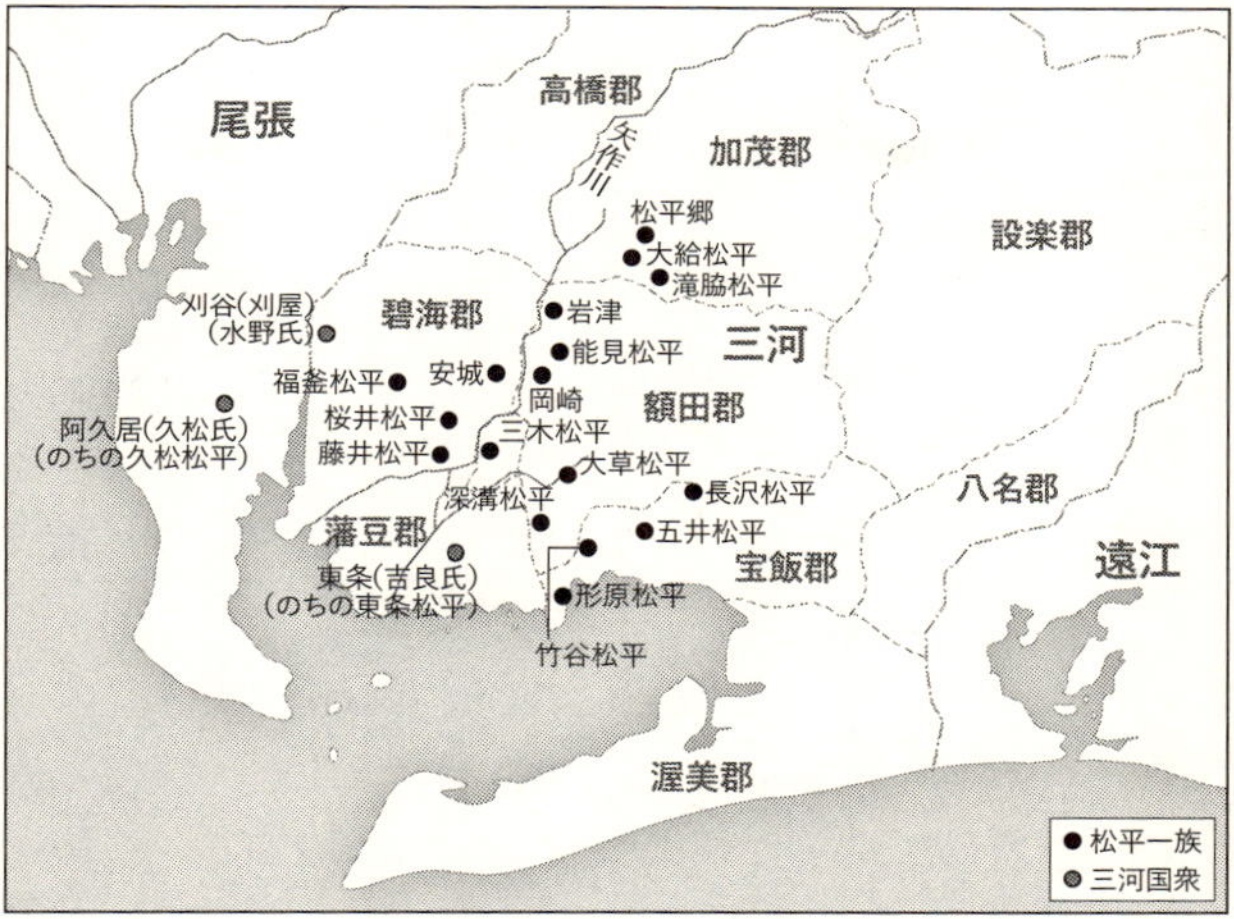

3-2　松平一族の所在

一揆のメンタリティーと非常に似通ったものがあります。

清康・広忠・家康

しかし、戦国時代に入ると、こうした「ゆるやかな連合体」では、隣接する戦国大名との争いに勝てなくなります。強力なリーダーシップを持つトップによって政治・経済・軍事を一元的に支配する実力が必要とされるわけです。

そこで登場するのが、家康の祖父・松平清康《まつだいらきよやす》です。清康は惣村的な結びつきを否定し、のちの家康のように三河一国支配を目指します。領国支配のシステムも合議制から主従性に変えていく。平等性を否定して、指揮命令系統を確立していく。そうすることで、清康は三河統一を進めていきました。

しかし、隣国尾張の織田信秀方の守山《もりやま》城を攻撃中に、清康は家臣によって殺されてしまいます。世に言う「守山崩れ」です。清康の子・松平広忠《まつだいらひろただ》は、まだ千松丸《せんまつまる》と名乗る元服前の少年でした。広忠は、清康の叔父で織田方と通じていた桜井松平《さくらいまつだいら》家の松平信定《まつだいらのぶさだ》に三河を追われ、伊勢（三重県・岐阜県・愛知県の一部）や遠江《とおとうみ》（静岡県西部）など諸国を放浪したのち、今川氏を頼ります。広忠は今川氏を後ろ盾とすることで三河に返り咲き、岡崎《おかざき》城に入ることができたのです。

このとき、広忠はまだ十六歳。松平宗家のもとに一族をたばねることに成功した広忠は、刈谷《かりや》の国衆である水野忠政《みずのただまさ》の娘・於大《おだい》を妻に迎えます。その翌年、二人の間に生まれたのが家康です。ちなみに於大の兄は、のちに家康とも因縁が深い水野《みずの》信元《のぶもと》です。

家康は織田家に攫われていない

岡崎城に帰った広忠ですが、今川氏の力を借りて三河に復帰したという経緯がありますので、今川氏の強い影響下に置かれることになります。今川氏に従うという範囲内で、広忠の存在は認められるという状態でした。

そして時代は、尾張の織田氏と駿河の今川氏とが正面から対立する状況に入ります。松平氏は、独立勢力ではありますが、戦国大名として一国支配を行う織田氏と今川氏のもとで、自治を認められる国衆だったのです。

いったん戦が起きれば、自分が従属する大名家に味方して出陣する必要がありますす。そのかわり、自分が他国から攻められれば、従属する大名が軍勢を出して守ってくれる。もし守ってくれなければ、敵対する大名に鞍替《くら》えすることもある。それが国衆のあり方です。

今川義元は、広忠が今川氏に従う証しとして、当時竹千代《たけちよ》と名乗っていた六歳の家康を人質として駿府に送るよう求めました。家康は渥美《あつみ》半島の田原《たはら》城のあたりから、おそらく海路で駿府へ向かう手はずだったのでしょう。

しかし、田原城の城主・戸田《とだ》氏が裏切り、家康を織田方に引き渡してしまった。そのため、家康は六歳から八歳までの二年間、織田氏のもとで人質生活を送ったとされています。

しかし、近年の研究によれば、こうした事実は同時代の史料には見られないため、家康は始めから織田氏に人質に出されたと見る説が有力視されています。父の広忠は、このころ信秀に安祥《あんじょう》城や岡崎城を攻め落とされ、いったん織田氏に降伏する事態となっています。おそらくそのときに家康を人質に出す取引がなされたのでしょう。

今川家での意外な人質暮らし

広忠は、今川氏に従って織田氏に奪われた所領や城を取り返し、勢力の回復に成功しますが、天文十八年（一五四九）に死んでしまいます。病死とも、家臣に殺されたとも言われています。まだ二十四歳の若さでした。広忠には家康以外に男子はいなかったので、家康は織田氏のもとで人質の身であったにもかかわらず、松平氏の当主となるべき存在だったのです。

松平氏の家臣からすれば、なんとしても家康を奪還したい。しかし、当時の松平氏の実力では難しい。そこで、今川氏の力を頼ることにします。今川氏はこれに応じ、義元の指南役として知られる臨済《りんざい》寺二世住持《じゅうじ》[4]の太原崇孚《たいげんそうふ》雪斎《せっさい》が三河に兵を送り、安祥城を攻撃します。そして、城を守る織田《おだ》信広《のぶひろ》（信長の異母兄）を捕らえ、家康との人質交換が実現しました。

家康は、今度は駿府に迎えられて今川家の人質となるわけです。この「人質」という言葉には注意が必要です。現代の感覚だと、囚われの身となって自由を奪われた獄囚のようなイメージが浮かびますが、実際には客将[5]のような扱いだったようです。

たとえば信長の例を見ても、のちに家臣筋や支配下の大名たちの子どもを身近に預かり、教育を施し、側近に抜擢《ばってき》したりしています。蒲生賢秀《がもうかたひで》の子・蒲生氏郷《がもううじさと》がそうですし、森可成《もりよしなり》の息子たちもそうです。家康も、のちに同じようなことをしています。それがこの時代の人質の現実です。

しかも、家康は幼いとはいえ松平家の当主です。今川氏の意識としては、松平家の若い当主を駿府で保護するという感覚だったのではないでしょうか。もちろん、松平氏が今川氏に従属する関係だったのは事実ですから、いわゆる裏切りを防ぐための人質という意味もあり、ある種の緊張感があったと思います。しかし、虐《しいた》げられてつらい少年時代を送ったというのは、どうも後世に作られたイメージのようです。

家康が今川氏から学んだもの

家康が人質となったころの今川領国では、今川文化と呼ばれる進んだ文化が花開いていました。今川氏はもともと「天下の副将軍」「足利家が絶えれば吉良《きら》が継《つ》ぎ、吉良が絶えれば今川が継ぐ」と言われたほどの名門です。本拠である駿府には多くの公家が訪れ、都の文化を伝えました。そもそも駿河という場所は、関東と関西の中間に位置する交通の要衝で、太平洋海運の集積地でもありました。

したがって、豊かで文化的な香りの高い都会だったわけです。京に次ぐ文化水準だったのではないでしょうか。そこで八歳から十九歳まで、最先端の学問を学ぶことができたのは、家康の人格形成に非常に大きな意味を持っていると思います。家康の学問や性格の基礎は、駿府で作られたと言ってもいいでしょう。

学問は雪斎に学びました。とくに戦略・戦術の面で、多くのことを吸収していきます。雪斎は、臨済寺の住持ですが、陣僧《じんそう》と呼ばれる、今川義元の軍事顧問であり、一軍を率いる武将でもあったと言われています。当時の僧侶は、下野の足利学校で学ぶことが多く、そこで孫子《そんし》6に代表される兵法を学ぶ機会があったのです。

また、当時の今川家は「甲相駿《こうそうすん》三国同盟」、すなわち武田信玄《たけだしんげん》、北条氏康《ほうじょううじやす》、そして今川義元が、相互に婚姻を結ぶことで同盟関係を築いていた時代でした。そのプランを立てたのが、雪斎と言われています。

若き日の家康は、そうした戦国大名たちが繰り広げる外交関係の最前線を、間近に見ることができたのです。おそらく、他国のさまざまな情報が駿府にもたらされたことでしょう。家康は情報の大切さ、その戦略的意味についても、大いに学んだのではないでしょうか。

もちろん、義元からも政治や文化について直接教えを受ける機会があったでしょう。義元の嫡男である今川氏真《いまがわうじざね》は家康の四歳上ですから、なんらかの交流もあったでしょう。当時、今川家のもとには家康と同じように人質＝客将として身を寄せていた若者がたくさんいたと思われます。

遠江や三河のように新たに今川氏の勢力圏に入った地域の国衆たちの跡継ぎが、駿府に集められていたのではないでしょうか。そのなかでも家康は、さまざまな点で頭角を現していたのではないか。私はそう考えています。

家康を助けた人質時代の人脈

野球やサッカーなどのスポーツでもそうですが、年代の近い者同士が顔を突き合わせて共同生活をすると、「あいつはできる」「あいつにはかなわない」というのはすぐに分かってくるものです。かなわないとなれば、なんとか友好関係を保って、いざとなればあいつに従おうという判断も生まれてくる。

したがって、この今川時代に家康が築いた人間関係、人脈というのは、のちに家康にとって大きな財産になったのではないでしょうか。その代表的な例が、北条氏《ほうじょううじ》規《のり》だと思います。小田原北条氏三代目の氏康の四男（または五男）で、家康と同じ時期に今川家で人質生活を送った人物です。

氏規はのちに北条家に戻り、四代目の北条氏政《ほうじょううじまさ》、五代目の北条氏直《ほうじょううじなお》の時代に重臣として活躍します。そして、徳川家と北条家とがさまざまな外交交渉をする際、北条方の窓口となっています。その際に、人質時代の旧交が大いに役立ったはずです。

築山殿との本当の関係

もう一つ、人質時代の大きな出来事は、築山殿《つきやまどの》を正室として迎えたことでしょう。築山殿は、今川家で一族扱いをされている関口氏純《せきぐちうじずみ》（親永《ちかなが》とも）という重臣の娘です。当然、政略結婚ですが、この婚姻によって家康自身も今川一族の親類衆となります。いかに義元が家康を評価し、期待していたかの動かぬ証拠です。

二人の間には、松平信康《まつだいらのぶやす》と亀姫《かめひめ》という二人の子どもが生まれます。政略結婚とはいえ、関係はきわめて良好だったことが分かります。先走った話になりますが、二人の結婚の三年後、桶狭間の戦いで義元が討ち取られ、翌年、家康は今川家と手を切り自立します。しかし、今川家に残された築山殿と子どもたちを、なんとか取り戻そうと苦心しています。当時、妻の実家が敵方となれば、妻は離縁されるのが普通です。家康の母・於大がそうでした。

しかし、家康はそうはしなかった。もちろんわが子の信康と亀姫がいたということもありますが、やはり家康は家族を大事に考えていたのでしょう。母親と同じ思いを妻にさせたくないという気持ちもあったのではないでしょうか。家康と築山殿との間には、気持ちのうえでの深いつながりがあったと、私は想像しています。

人質時代に形作られたもの

人質時代の家康は、もちろん客将として、ある程度の待遇は受けていたはずですが、やはり自分の本国を離れ、親とも離れて暮らしているわけですし、三河の家臣たちは、今川家のために対織田戦の最前線に立たされるという苦労を味わいました。

もし三河の家臣たちが今川家に反旗を翻したら、おそらく自分の命はない。当時の家康の精神状態を想像してみますと、日々の生活には困っていないが、常に「死」を思わざるを得ない、不安と緊張感を抱えていたのではないか。そしてそれが、家康の忍耐強さ、辛抱強さといった人格を作ったのではないか。そう思えてならないのです。

もう一つ、家康が今川家の人質になったとき、於大の母である源応尼《げんおうに》（華陽院《けよういん》）が家康のもとに駆けつけ、今川家に身を寄せます。この女性が家康に与えた影響も大きかったのではないかと、私は見ています。

家康の女性観と言うと、後家好み、年上好みなどが指摘されますが、どうも家康は祖母である源応尼の篤《あつ》い母性に育まれるうちに、母性の持つ無条件の慈愛を求めるようになったのではないか。ちなみに、家康は生涯、浄土宗を信仰しますが、それは源応尼の影響が強かったのではないかと思います。

家康と家臣団の結びつき

家康と家臣団との関係においても、今川時代は重要な意味を持っています。家康が今川家に送られたとき、酒井忠次《さかいただつぐ》、石川数正《いしかわかずまさ》、鳥居元忠《とりいもとただ》、松平康忠《まつだいらやすただ》といった家臣たちが同行します。彼らはともに苦難を乗り越えたことで、家康と同志的な結びつきを持ち、自分たちが家康を支えなければという強い思いを持ったのだと思います。

一方で、同志的な結びつきですから、意見があれば遠慮会釈もなく進言できたのでしょう。大久保彦左衛門《おおくぼひこざえもん》の『三河物語《みかわものがたり》』という有名な記録がありますが、そこに描かれたのは、主君・家康を重んじながらも、平然と直言する家臣たちの姿です。もちろん誇張はあるでしょうが、殿のために命を捧げているのだから、殿が間違っていたなら意見するのになんの遠慮がいるものか、という徳川家臣の本質が見える気がします。

一方、岡崎に残った家康の家臣たちもまた、今川方と織田方の戦になれば、常に先陣を任されました。平岩親吉《ひらいわちかよし》、鳥居忠吉《とりいただよし》、酒井忠尚《さかいただなお》、本多忠真《ほんだただざね》といった面々です。

先陣を任されると言っても、主君である家康が今川家に庇護されている以上、それを断るという選択肢はないのですから、事実上の命令です。常に最前線に立ち続け、矢面に立つということは並々ならぬ苦労だったでしょう。実際の戦闘はもちろん、そのために常に準備をしなければならないのですから、気を抜くいとまがない。

しかも、もし今川方が劣勢になれば、一番先に見捨てられるのは最前線の松平氏です。彼らは「使い殺し」にされる可能性もあったわけです。明日が見えない、将来が見通せないことほど、つらいことはないでしょう。

主君は健在。だがいつになれば岡崎城に戻れるのかは、誰にも分からない。こうした苦難の時期を過ごした家康と家臣たちの間には他の大名家には見られない強いきずなが生まれていたと、私は思います。

そして、若き日の家康を支えた彼らが、のちの徳川家臣団の中核となっていくわけです。

1 地方において現地に常住して富や勢力を持ち、権勢をふるった一族のことを言う。比較的中小規模の豪族。

2 朝廷が南朝と北朝に分かれて内乱を繰り返した、建武《けんむ》三・延元《えんげん》元～明徳《めいとく》三・元中《げんちゅう》九年（一三三六～一三九二）の約六十年間を指す。直前の後醍醐天皇による建武の新政に反旗を翻した足利尊氏が擁立した光明《こうみょう》天皇の京都の持明院《じみょういん》統（北朝）と、皇位の正当性を主張する後醍醐天皇が移った吉野の大覚寺《だいかくじ》統（南朝）が対立、両朝は別々の年号を用いた。尊氏の孫・義満が南北朝合体を実現させ、室町幕府の全国統一が完成した。

3 自立的な有力農民が中心となって形成された村落の自治的な共同組織。惣とも言い、畿内を中心に発達した。会合（寄合）を開き、その構成員である惣百姓の総意で決まりを定め、共有地や用水の管理、荘園領主や国人への年貢の引き下げ交渉などを団結して行った。

4 寺を管理する主たる僧侶。住職。

5 客の身分として扱われる武将や将軍。

6 中国の兵法家で春秋時代の呉《ご》の孫武《そんぶ》、または孫武の子孫で戦国時代の斉《せい》の孫臏《そんぴん》の敬称、および戦闘全般を簡潔に説いた二人の兵法書を言う。

第四章

戦国大名としての自立

桶狭間の戦いをどう見るか

徳川家康の人質時代が終わりを告げることになるきっかけは、言うまでもなく永《えい》禄《ろく》三年（一五六〇）の桶狭間の戦いです。この戦いで今川義元は命を落とし、勝利を収めた織田信長は天下人へと飛躍する第一歩を踏みだすことになりました。

通説によれば、義元は上洛を目指して四万の大軍を率いて尾張に迫った。これに対し、信長はわずか三千の兵で迎え撃つ。そして、迂回・奇襲戦法を駆使して油断した今川勢に歴史的な大勝利を収めた、とされています。これは明治期に陸軍参謀本部[1]が編纂した『日本戦史《にほんせんし》』に採用された合戦の見方で、長い間それが史実だと信じられてきました。

しかし、開戦にいたる経過について、私は別の考え方を持っています。実際の戦いの半年ほど前、信長は今川方の大高《おおたか》城の周囲に鷲津《わしづ》砦や丸根《まるね》砦といった付け城[2]を築き、守りを固めています。同じころ、尾張では服部友貞《はっとりともさだ》、斯波義銀《しばよしかね》、吉良義昭《きらよしあき》らが手を結び、義元と連動して信長を倒そうと画策しています。

具体的には、今川勢が大高城に入るのを見計らって、服部が尾張から一千艘《そう》の船を出して大高城下に着岸する。当時は海岸線がもっと北に位置し、大高城のすぐ南まで入り込んでいました。その一千艘の船で、今川勢を尾張の清須《きよす》城に運び入れるという作戦だったのです。

実際に合戦当日に服部が一千艘の船を出したことは、『信長公記《しんちょうこうき》』に記されています。こうした作戦を立てたうえで、斯波や吉良たちは義元に出陣を求めたのだと思います。

この二つの動きは、どちらが先なのか明らかになっていません。しかし私は服部らの策謀が先で、それに気づいた信長が、その作戦を逆手に取って、大高城に今川勢をおびきだそうとしたのだと思います。

服部、斯波、吉良たちの動きは、これまで桶狭間の戦いを論じるときに注目されていませんでした。しかし彼らの動きを視野に入れることによって、じつは信長は追い詰められていたのではなく、むしろ義元を積極的に大高城におびき寄せたということが見えてきます。

桶狭間の戦いの真相

それこそまさに、信長の凄みと言えるでしょう。今川の大軍に追い詰められて、乾坤一擲《けんこんいってき》[3]の逆転勝利を目指して奇襲したわけではない。始めから今川勢が大高城を目指すことを知っていた。そして、桶狭間山に義元が布陣する。それは、信長の囮《おとり》作戦にはまってしまったということを意味します。

信長は、義元が桶狭間山に布陣したと聞くと、清須城からたった一人で出撃したとされています（4－1）。敵の作戦の裏をかくわけですから、誰にも目的を告げず、情報を漏らすこともなかったと考えるべきでしょう。

そして、信長は桶狭間山の義元本陣に攻撃を仕掛けます。今川勢は迎え撃とうとしますが、周囲の道は幅がせいぜい十メートルほどの狭い谷間の道です。これでは今川勢は大軍の理を活かせません。信長はこのとき、すでに三間半、約六メートル二十センチの長槍を使っています。これまであまり指摘されていませんが、鉄砲も使っていたはずです。六年前の村木《むらき》砦の戦いで、信長は鉄砲を積極的に使用した戦いをしています。桶狭間で使わなかったとは思えません。

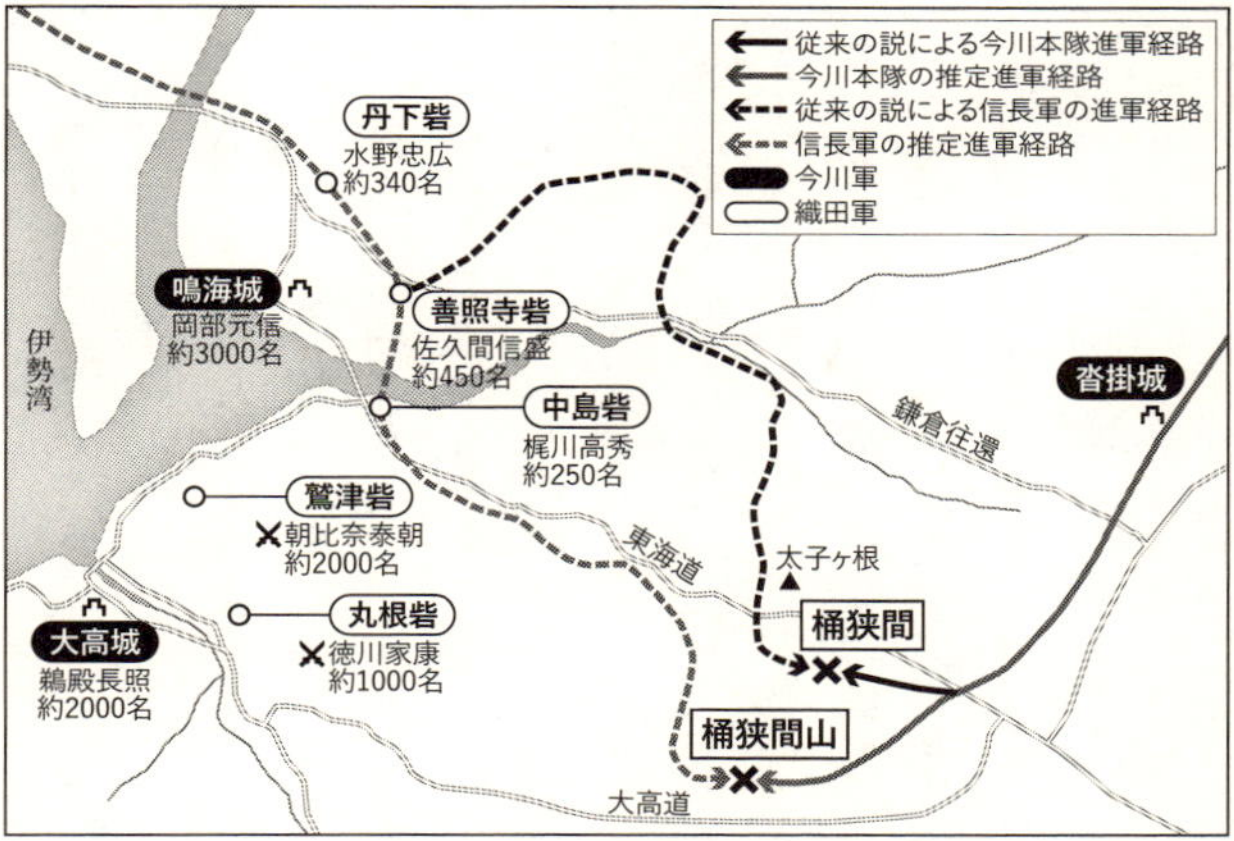

4-1　今川軍・織田軍の推定進軍経路

『信長公記』にも一ヶ所だけ、桶狭間での鉄砲の使用をうかがわせる記述があります。「すはかかれかかれと仰せられ、黒煙立ててかかるを見て、水を撒くるがごとく後ろへくはっと崩れたり」。黒煙とは、鉄砲以外に考えられません。

　つまり信長は、長槍と鉄砲でもって今川勢を倒したことになります。これはまさに、第二章でも触れたスペインの「テルシオ」戦法なわけです。長い槍で槍衾《やりぶすま》[4]を作り、敵の接近を防ぐ。その間に鉄砲に弾を込めた鉄砲隊が前に出て一斉射撃。するとまた弾を込める間、長槍隊が前に出る。この繰り返し。

幅十メートルの道でこういう戦いをされたら、今川勢はなすすべがありません。

信長がスペイン戦術に学んだのではないかと言うと、突飛なことを言うと思われる方もいるかもしれません。しかし、鉄砲を日本人に売るとき、売り手の商人が武器のスペックや使用法の実態について説明すると考えるのが自然ではないでしょうか。買い手の商人も同じです。安い買い物ではない。戦争での使い方くらい聞くと考えるのが常識的な判断です。ましてや信長のように合理的・実用的な考え方をする人が、ヨーロッパにおける最先端の使用法や戦術について無関心であったはずがない。私はそう思っています。

今川勢も、鉄砲を持っていたでしょう。しかし、この戦いの直前に大雨が降りましたから、火薬が濡れて使い物にならなかったはずです。織田勢は、戦いの寸前まで善照寺砦《ぜんしょうじ》にいたので雨には濡れずにすんだのです。

こうなると今川勢は後ろに引き返すしかない。織田勢はそれを追って桶狭間山の本陣まで駆け上る。そしてみごと、義元の首を取った。

これが桶狭間の戦いの真相だと、私は考えております。

間違った「桶狭間の戦い」観が歪めた近代日本

ところがなぜか、桶狭間の戦いは大軍をたのんで油断し、谷間の道で休んでいた義元に、信長が一か八かの奇襲を仕掛けて奇跡的な勝利を挙げたという話になり、それが踏襲されてきました。これは、江戸時代の歴史認識や歴史観が、いかにいい加減なものだったか、いかに根拠の薄い「お話」に過ぎなかったかを示しています。

それを、先に触れた陸軍参謀本部の士官たちが鵜《う》呑《の》みにして、三千の織田軍対四万の今川軍が戦ったのだから、迂回・奇襲戦法でもやらないと勝てないと机上で考え、そう思い込んでしまったのだと思います。

しかし、一度でも現地に足を運んでみれば、迂回ルートなど存在しないことがすぐに分かります。しかも、戦国武将が谷間の道で休息するような危険なことをするわけがない。それは、当時の常識に照らせば当たり前のことです。

しかし、桶狭間の戦いについて誤解するだけであれば、それほど大きな問題ではないでしょう。もっと問題なのは、参謀本部の作った『日本戦史』を陸軍士官学校や陸軍大学校で教え、士官たちがやたらに奇襲を好むようになったことです。奇襲

「信仰」と言ってもいいかもしれません。これは端的な「実害」です。敵が十字砲火の陣形を敷いたところに、信長気取りの士官の命令で、兵たちが奇襲だと言って襲いかかる。もちろんそこに待っているのは「玉砕《ぎょくさい》」でしかありません。

間違った歴史観が、いかに国を悪いほうに導くかという見本です。それが桶狭間の戦いの解釈に始まっているというのは、じつに象徴的な話だと思います。

水野信元の仲介で清須に

さて、桶狭間の戦いのあと、家康は岡崎城に復帰します。しかし、すぐに今川家と手を切るのではなく、しばらくは今川方として織田方と戦っています。桶狭間の戦いの直後の永禄三年（一五六〇）八月には水野信元が守る刈谷城を攻め、翌永禄四年二月には、やはり水野家のテリトリーである知多《ちた》半島を攻めています。

しかし、いずれも家康は敗れています。おそらくそれは、鉄砲の装備の差だったのではないでしょうか。当時、水野家は織田方についていたので、それなりに鉄砲を入手・装備することができた。また、水野家は知多半島を中心とする海運業者でもありましたので、経済的にも裕福で鉄砲を購入する資金もあった。

それに比べれば、当時の家康は必ずしも裕福とは言えません。鉄砲を思うように購入できず、鉄砲があっても火薬と鉛弾を買いつけることができなかったのでしょう。おそらく家康は、水野家とのこの二度にわたる敗戦を非常に重く受け止めたと思います。なんとかこの事態を打開しなければならない。そう考えているときに、伯父の信元から、今川家と手を切って織田家につくよう誘いがあった。信元は信長との仲介役を申しでてきました。

そこで家康は、永禄五年の正月に清須に信長を訪ねます。おそらく隠密行動だったでしょう。表ざたになれば、駿河に残している築山殿と子どもたちの身に危険が迫りますから。家康は信長に面会し、有名な清須同盟の交渉に入ります。

家康はなぜ清須同盟を結んだのか

家康が信長との同盟に応じたのには、いくつかの理由が考えられます。

一つは、鉄砲と弾薬を入手することができるからです。信長と同盟を結べば、堺の商人から直接それらを買いつけることができ、軍備の充実を図れる。

もう一つは、三河湾と伊勢湾の交易ができることです。三河と尾張それぞれの産物を海路で取引できる経済ルートを構築して、多くの富を手にすることができます。

さらに加えるならば、少年時代、織田家の人質となっていたころに出会った信長への尊敬と憧れも、理由の一つだと考えます。当時家康は六歳。信長は八歳上の十四歳です。小学一年生と中学三年生の年齢差です。憧れを抱いても当然です。

その信長が、いつの間にか尾張統一を果たし、あの今川義元を桶狭間で倒すにいたったわけです。家康が、信長と手を組みたい、信長のもとで戦いたいと思っても不思議ではありません。

じつはこのころ、長尾《ながお》景虎《かげとら》（のちの上杉謙信）が関白《かんぱく》・近衛《このえ》前久《さきひさ》を擁して関東に攻め込み、小田原城を包囲しています。今川氏と武田氏は、甲相駿三国同盟の関係で北条氏を援助しなければならず、小田原に目が向いている。相対的に今川氏の影響力は三河方面では薄まっていたという事情も、家康が清須同盟に踏み切る背中を押したと思います。

実際、家康は清須同盟より前の永禄四年四月に、今川方の牛久保《うしくぼ》城を攻めています。そこから今川方の城を次々に落とし、三河の平定戦に乗りだすわけです。そして、ある程度三河一国を平定した段階で、翌年の一月に清須同盟を結んでいます。

このあたりは、家康のアグレッシブな一面をうかがうことができます。仲介が入ったからと言って、すぐに同盟に応じては自分を安く売ることになる。三河一国を支配したのちに同盟を組めば、対等に近いかたちで同盟が結べるかもしれない。家康は、したたかにそう考えたのだと思います。

三河一向一揆の真の意味

清須同盟を結び、西方の尾張への警戒が不要となった家康は、永禄五年に今川方の鵜殿《うどの》氏を攻め、人質交換で築山殿と松平信康を駿府から岡崎に迎えることに成功します。

ところがその翌年秋から、家康の生涯で最大の危機の一つと言われる事態が起きます。

三河一向一揆です。

三河一向一揆は、一向宗と呼ばれる浄土真宗の門徒たちが領主に対して起こした反乱ですが、家康の家臣のなかにも一揆方につく者が続出したために家中の分断が起きました。そのために家康は一揆征圧に大変手を焼きます。のちに家康の懐刀、ブレーンとして活躍する本多《ほんだ》正信《まさのぶ》なども、一揆方についた一人です。

この一向一揆が拠点とした三ヶ寺と呼ばれる浄土真宗の寺、上宮寺《じょうぐう》、本證寺《ほんしょう》、勝《しょう》鬘《まん》寺を地図上に落とすと、面白いことが分かります（4-2）。すべて、三河の水運の大動脈と言える矢《や》作《はぎ》川流域なのです。このあたり一帯は、海運・水運の拠点です。一向一揆と言うと農民の姿を思い浮かべがちですが、実際はその中心は流通業者、海民だったのです。

伊勢《いせ》長島《ながしま》の一向一揆も、紀州雑賀《きしゅうさいが》の一向一揆も、その中心となったのは海運業者であって、農民ではありません。流通業者ですので、金を持っています。だから三河の一向一揆も、上納金を本願寺《ほんがんじ》[6]に納めることで身分保障を受け、本願寺の門徒であるという連帯感のもとに、伊勢長島や紀州雑賀の一向一揆との流通経路を作ることができたわけです。

一向一揆は宗教運動ですが、同時に流通業者同士がネットワークを作り、貨幣を

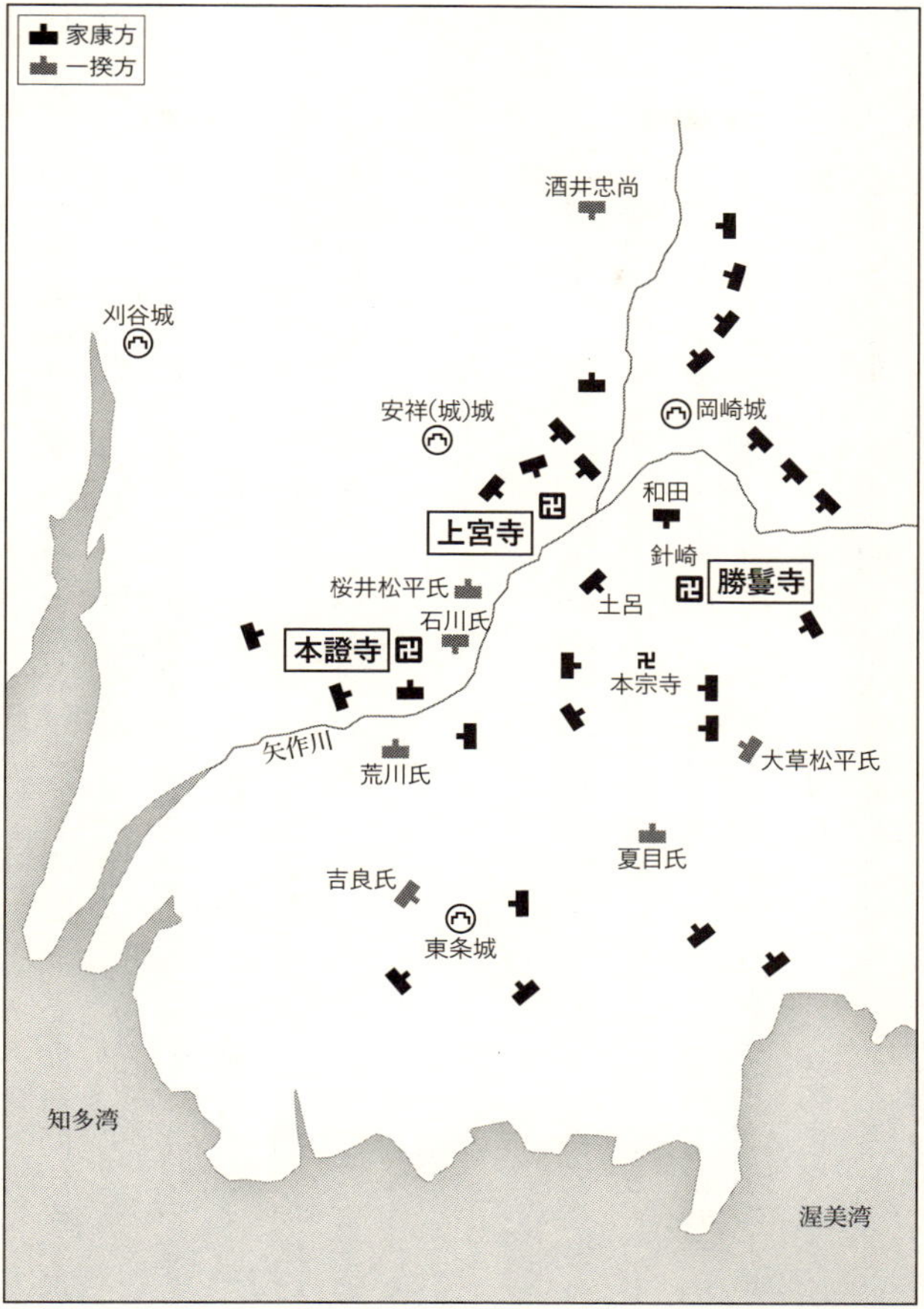

4-2　三河一揆における徳川方と一揆方の配置
(『歴史群像　徳川家康』[学習研究社]掲載図を元に作成)

仲立ちとする経済活動を展開していたわけです。そして、三河一向一揆が展開したエリアは、「十八松平」と言われた松平氏の散らばる地域でもあった。

彼らは第三章で触れたように、松平宗家に従う存在でしたが、半ば自立した勢力でもありました。その十八松平家のそれぞれは、一向一揆を傘下に加えることで経済的な利得を上げているといった、複雑な事情がありました。一向一揆には、十八松平のそれぞれの利害が絡んでいたわけです。

塗り替えられる中世

こうした関係は、中世の惣村的なゆるやかな関係であるうちはうまくいっていたのですが、戦国時代になり、重商主義・中央集権的な世の中になると、領主は一円《いちえん》支配《しはい》を目指すようになります。一円支配とは、ある一定領域を領主が一元的に支配すること。つまり政治・経済・司法のすべてを領主が支配するという考え方です。

この一円支配を貫徹しようとすると、中世的な「自由・平等の世界」を壊さなくてはならなくなります。流通経路も商売も統制しようとするし、所有している船にも税金をかけようとする。こうした統制に対する不満から、流通業者を中心とする民衆が立ちあがったのが、三河一向一揆の本質だと思います。

ですから、一向一揆に参加したのは、半分農民で半分武士だったり、半分商人で半分武士だったり、複雑だったようです。領主である家康につく者もいれば、本多正信のように抵抗し、国外に逃亡して流浪の生活を送る者もいました。おしなべて、「家康を取るか、信仰を取るか」という選択を迫られたわけです。

家康の側から見れば、一向一揆との戦いとは、信仰をめぐる抗争でもありましたが、三河に残っていた中世的なものを駆逐して、戦国大名として一円支配を達成するための戦いだったとも言えるのです。一向一揆が拠点とした寺の寺内町は「守護不入《ふにゅう》の土地」となっていました。領主が立ち入ることも、税金を取ることもできない土地です。これを認めれば一円支配などできません。

家康、戦国大名として自立する

家康は、戦国大名として自立し、領地の一円支配や流通経路の支配を達成して、強大な権力を手にすることで、戦乱の世を生きぬこうとしていました。

しかしそれは、中世的で室町時代的な自由や平等の気風を保持し、流通経済を支配して自由な商圏を確保しようとする門徒たちにとっては、自由を奪われることにほかなりません。彼らは浄土真宗という宗教を媒介として連帯し、家康に抵抗したのです。それが、三河一向一揆と家康との戦いです。

家康は、なんとかこの危機を乗り切ることができました。永禄七年二月に、家康側が勝利を収めます。家康は、門徒たちに一向宗からの改宗を命じます。それに応じない者は国外に追放されます。一方で、本願寺系統以外の寺には手厚い優遇措置を取るなどして、一向一揆の再発を防ごうとしています。

そして、この機会に家臣たちの再編も進めています。自分に従う者だけを重用し、方針に従わない者は国外追放も辞さない。そうすることで、家臣たちの純化が進められたとも言えます。

同時に、家康は一向一揆の影響下にあった流通経路を確保し、三河の経済を一手に掌握することができたのだと思います。その背景には、清須同盟によって三河湾と伊勢湾の交易ルートを握ったということがあったのでしょう。

家康は、今川家から独立して信長と同盟関係を結び、戦国大名として自立したと一般的には言われます。もちろんそれは間違いではないのですが、それだけではないのではないか。清須同盟や一向一揆との戦いを経験することで、家康は三河国内の中世的なものを一掃し、流通経済を一手に集めることができた。

その結果として、家臣団の再編を果たし、自分に絶対の忠誠を誓う強力な家臣団の編成に成功したことが、家康が戦国大名として名乗りを上げる、最大の要因となったのだと思います。

1　旧日本陸軍の命令を下す最高機関。
2　本城（居城）とは別に要所に築いた支城の一種。出城。
3　さいころの目に運を任せるような大勝負の一手。
4　一隊で槍をすきまなく並べた陣形。
5　十字に交差するように多方向から一点に向けて銃撃する戦術。
6　浄土真宗の中心的な寺院。戦国時代には一大宗教勢力となり、一向一揆を組織した。

第五章

武田信玄との相克

家康と信玄の密約

永禄九年（一五六六）十二月、家康は松平から徳川に改姓し、従五位下三河守《じゅごいのげみかわのかみ》となります。三河一国を治める戦国大名として、自他ともに認める存在となったわけです。その翌年、家康の嫡男・松平信康と織田信長の娘・徳姫《とくひめ》（五徳《ごとく》）との婚約が成立します。清須同盟はますます固いものになりました。

すると、同年に美濃を平定した信長が、翌永禄十一年九月に、足利義昭《あしかがよしあき》を奉じて上洛し、義昭を室町幕府第十五代将軍に据えて幕府再興の事業を開始します。そうなると、信長の意向や行動は、幕府からお墨つきを得たかたちになり正当化されます。

今川家を継いだ駿河の今川氏真と信長は、桶狭間の戦い以来、交戦状態にありました。一方、駿河の北、甲斐《かい》（山梨県）を支配する武田信玄と信長とは、すでに永禄八年の段階で甲尾《こうび》同盟と呼ばれる同盟関係にありました。「甲」は甲斐、「尾」は尾張です。

そうなると、信長に敵対する氏真は幕府の敵ということになり、信長の同盟者である家康、信玄にとっても敵という位置づけになり、それを攻めて領土を奪う大義名分ができるわけです。もともと、武田氏と今川氏は、第三章で紹介した甲相駿三国同盟を結んでいましたが、ここにおいて同盟は破棄されたことになります。

そこで、おそらく永禄十一年の十一月ごろだと思いますが、家康と信玄の間に、今川を東西から挟み撃ちにするかたちで討つという密約が結ばれたと考えられます。信玄は東から駿河に攻め入り、家康は西から遠江に侵入するという段取りです。最終的には今川氏を滅亡に追い込み、今川領国を二人で分け合おうじゃないかというのが、密約の内容だったとされています。

このあたりについて、研究者によって解釈が分かれるところもあるのですが、静岡大学名誉教授の本多《ほんだ》隆成《たかしげ》さんや、東京都市大学准教授の丸島《まるしま》和洋《かずひろ》さんの研究を参考にして考えてみます。

密約の抱えていたクリティカル・ポイント

この密約ですが、じつは大きな問題がありました。一つは、武田氏と徳川氏で今川領国を分割するとして、いったいどこを両者の境界線にするかという問題です。一説によれば、「切り取り次第」だった、つまり双方が攻め取ったエリアを領有することになっていたとも言われます。これは戦国時代においては珍しくはない、普通の取り決めです。

一方、両者の間で「川」を境として今川領国を分け合おうと決めていたとする説もあります。問題はその「川」がどの川かということで、密約ではそれを明記していなかったらしい。そのため、家康は大井《おおい》川を想定し、信玄はもっと西の天竜《てんりゅう》川を想定していたというのです（6頁図参照）。

大井川は駿河と遠江の国境を流れる川ですから、家康としてはそれより西、すなわち遠江を自分が領有するのは当然だと考えていたようです。一方、信玄は境界となる川を曖昧にしておくことで、事実上の「切り取り次第」にしてしまおうと考えていた節があります。そして境界となる川とは天竜川だと主張することで、遠江の東半分を武田領に組み込んでしまおうと考えたのでしょう。

信玄の失点

しかし、実際に今川領国への侵攻が始まると、信玄の思惑は大きく外れます。おそらく信玄は、駿府に攻め込めば氏真が降伏するだろうと考えていたと思います。しかし氏真は駿府を捨て、遠江の掛川《かけがわ》城に身を移します。

一方、今川氏との同盟関係を捨てていなかった北条氏が、東から駿河東部の薩埵《さった》山まで軍勢を進めてきます。こうなると、信玄は東西に敵を抱えることになって、非常に具合が悪い。

信玄の思惑では、氏真を取り逃していなければ、あっという間に駿河を手中に収め、さらに軍を進めて遠江の天竜川まで自力で切り取ってしまえると踏んでいたのだと思います。しかし、その思惑は外れてしまった。

さらに、信玄は駿河侵攻時に、配下の秋山虎繁《あきやまとらしげ》に命じて信濃《しなの》（長野県）の伊那《いな》郡から天竜川沿いに軍勢を南下させ、遠江に攻め込ませています。当時、家康は西遠江の井伊谷《いいのや》三人衆と呼ばれる有力国衆を味方につけることに成功して、予想以上に遠江征圧を順調に進めていました。そこに突如として武田勢が北から侵入してきました。そして家康配下の軍勢と小競り合いが生じる。家康は密約違反であると信玄に猛烈な抗議をすることになります。

信玄は、駿河の東を北条に脅かされている状況で、家康と敵対するわけにはいかなかったのでしょう。ただちに家康に謝罪し、秋山勢を遠江から引き揚げさせると約束します。一方で信玄は、家康の頭越しに信長に書状を送り、家康の行動を非難したうえでその対処を求めています。

信玄にとって、家康は三河の国衆から戦国大名に成りあがった格下の存在で、あくまで信玄の同盟相手である信長の、家臣とまでは言わないが、その命令で行動する配下の武将という認識だったでしょうし、そういう位置づけにしたいと考えていたのでしょう。

しかし、信長と家康は完全な対等とは言えないまでも、名目的には対等な同盟関係でしたから、信玄の抗議はほとんど効果がありませんでした。家康も、もし信長が何か言ってきても、従うつもりはなかったと思います。

信玄を出しぬく

こうなると、信玄はいったん様子を見て、家康が掛川城の氏真を攻め、双方が疲弊することを期待していたのかもしれません。そして、双方が弱ったところを見計らって、一網打尽に攻め滅ぼしてしまえばいい。その後は、信長との間に協定を新たに結べばいい。事態がそこまで行っても構わないという戦略を立てたのではないかと思います。

これに対して家康が打った手が、まことに秀逸でした。家康は掛川城の氏真と密約を結び、城をあけ渡して退去するならば、家臣を含めて安全を保障すると約束します。そしてその密約の裏書《うらがき》（保証）を、薩埵山に布陣する北条氏にしてもらい、北条からも氏真を説得してほしいと頼んでいます。具体的には、氏真が掛川城を退去する際は、北条が船を出して迎え入れ、北条領国で氏真を引き取ってほしい。やがて駿河がおちついたなら、氏真に駿河を返すという内容でした。

これは、明らかに信玄に対する敵対行為です。あの信玄に対し、敵対する密約を氏真と結ぶのですから、家康の度胸も大したものだと思います。結局、家康はこの条件を氏真に飲ませ、掛川城を退去させることに成功します。この動きを察した信玄は、掛川城の開城に先んじて駿府を退去し、甲府《こうふ》に帰国してしまいます。このままでは、北条と徳川に挟み撃ちにされる危険があったからです。

家康の輝かしい外交勝利

当時、家康は三河一国と遠江の西半分を領有していました。おそらく信玄はその数倍の版図と軍勢を抱えていたでしょう。その信玄を、家康は直接の戦闘行為ではなく、外交戦において退けたことになります。家康外交の勝利です。

当初から家康が目指していた大井川までを、つまり遠江の全域を家康はいったんは自領とすることができたわけです。この勝利は、家康の生涯において三本の指に入るほどの大きな意味があったと思います。

しかも家康は、外交戦で信玄を退かせた翌年、元亀《げんき》元年（一五七〇）、越後《えちご》（新潟県）の上杉謙信とも同盟を結んでいます。北から信玄をけん制するためで、いわゆる「戦後処理」にも余念がなかったことが分かります。こうした外交センスは、国衆や一地方大名には見られないものです。おそらく人質時代に今川家で学んだことが大きかったのではないでしょうか。

この外交勝利は、実際に軍勢を率いて戦う戦争の強さとは違う強さ、そして家康の器の大きさを見せつけてくれます。

徳川家と武田家が所領争いをするとなると、両者の中間地点に位置する遠江などの国衆たちは、どちらに従うか決断を迫られます。信玄はもちろん、所領の安堵などを条件に調略《ちょうりゃく》を仕掛けて国衆を味方につけようとします。家康も同様でしょう。このとき、信玄よりも家康を支持する国衆が思いのほか多かった。それはおそらく、駿河での人質時代に培った今川領国の国衆たちとの人間関係が生きたからだと思います。

信玄はなぜ敗北を喫したのか

外交戦に敗れた信玄の立場からすれば、圧倒的な自分の力への過信が、判断を誤らせたと言えるでしょう。猫だと思っていた相手が、じつは虎だった。そんな思いを抱えていたかもしれません。

結局、この永禄十二年の信玄は、失策続きでした。まず駿河侵攻時に氏真を取り逃したのが大きい。そして北条氏との間にはまだ同盟関係が生きていたのだから、駿河侵攻前に十分に作戦計画や目的を説明し、今川救済のために軍を出すことがないよう釘を刺し、同意を得ておくべきでした。

しかし、実際には何もしていなかった。そしてなにより、家康の力量を見誤っていたのが大きいでしょう。信玄は、同盟相手の信長に訴えれば、家康はいかようにもコントロールできると高をくっていた。それはまさに、強者の過信だったと言えます。

そして、この敗北の屈辱や教訓を胸に、信玄は三年後の三方ヶ原の戦いに臨むことになるわけです。

一方、遠江の支配を確実にした家康は、元亀元年六月に遠江の浜松《はままつ》城の築城を開始。その直後に、信長と連合して姉川《あねがわ》の戦いに勝利し、北近江《おうみ》（滋賀県）の浅井長《あざいなが》政《まさ》と越前《えちぜん》（福井県北東部）の朝倉義景《あさくらよしかげ》の連合軍を打ち破ります。戦いは激戦となり、双方多くの犠牲者を出しましたが、徳川勢の働きは目覚ましく、勝利に貢献したとされています。

「三年の鬱憤」を晴らす信玄

元亀二年(一五七一)の年末、北条氏の当主である北条氏康が亡くなったことをきっかけに、信玄は氏康の跡を継いだ北条氏政と再び同盟を結び、駿河の支配を確かなものとします。そのうえで、翌元亀三年の十月、満を持して遠江への侵攻を開始しました。信玄は「三か年の鬱憤《うっぷん》を散ずる」べく出陣したと語っています。外交戦での敗北の鬱憤を晴らすための遠江侵攻だったのです。

信玄の本隊は駿河方面から西に進みます(5-1)。山県昌景《やまがたまさかげ》、秋山虎繁が率いる別働隊は、信濃から遠江に南下し、三河に侵攻したのち本隊と合流して遠江の二俣《ふたまた》城を攻撃します。二俣城を落とした武田勢は、家康の本拠である浜松城を目指して進軍。ついに十二月二十二日に武田勢と、織田の援軍を加えた徳川勢が浜松城北方の三方ヶ原で激突しました。三方ヶ原の戦いです。

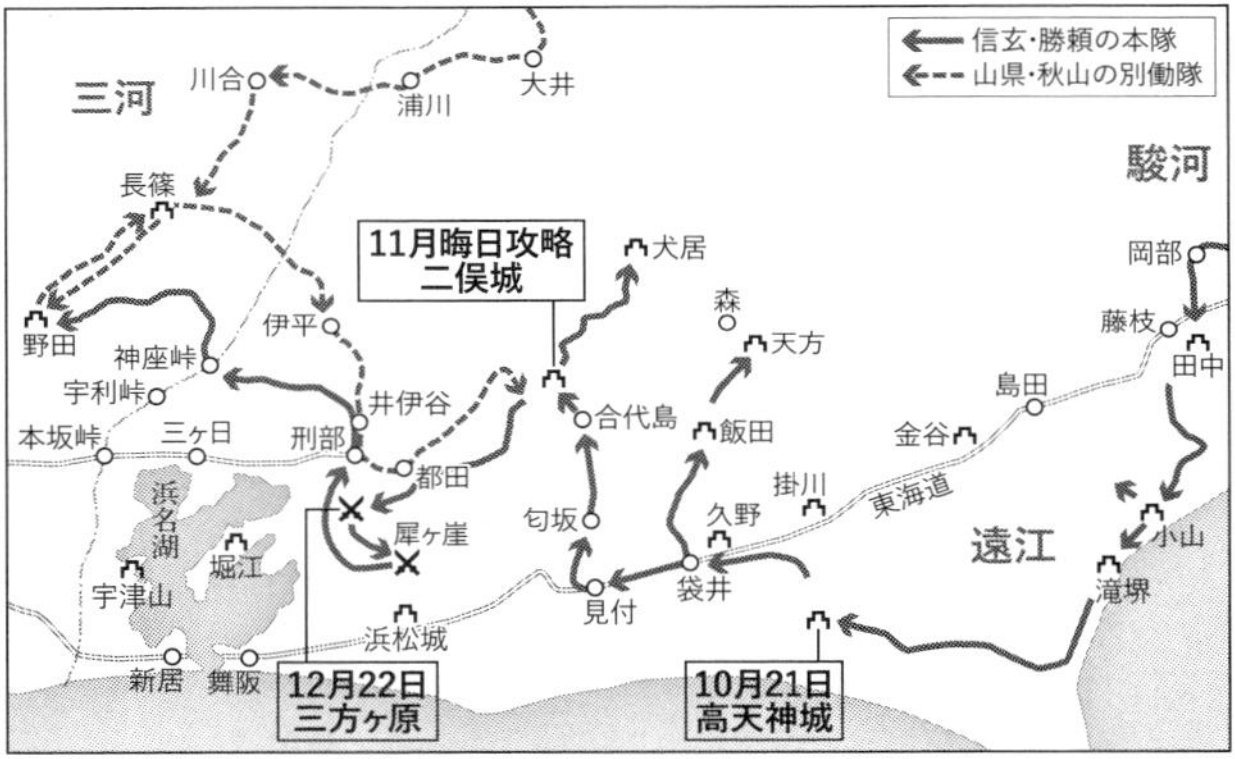

5-1　三方ヶ原の戦いにおける武田軍の行軍経路
（本多隆成『徳川家康と武田氏』［吉川弘文館］掲載図を元に作成）

この戦いで、織田・徳川連合軍は大敗を喫します。家康の生涯において、もっとも忘れがたい敗北だったことでしょう。家康は浜松城に敗走する途中、恐怖のあまり馬上で脱糞したという逸話まで残っていますす。事実かどうかは分かりませんが。

三方ヶ原の戦いの敗北はどのような種類の敗北なのか

なぜ、家康は三方ヶ原で大敗を喫したのか。

当時、信玄は将軍・義昭と連絡を取り、義昭を中心として信長包囲網を形成していました。この元亀三年の段階になると、すでに義昭とその後ろ盾である信長との関係は悪化していました。義昭は各地の大名に書状を送り、自分の力となってくれるよう依頼していました。信玄はそれをうまく利用して、信長包囲網を作る。そういう外交状況にありました。

越後の謙信も、室町幕府体制を重んじる立場ですから、信玄が義昭と結んで信長を攻めるならば、その邪魔はしないでしょう。こうして信玄は家康と再び向き合い、状況次第ではその後ろにいる信長とも対決できる状況になっていたと思われます。

実際、信玄の遠江侵攻に対し、信長はわずか三千ほどの援軍しか、家康のもとに送ることができませんでした。信長包囲網の効力で四方に兵を配備しなければならなかったからです。戦いが始まる前に、こうした外交的環境になり、劣勢に立たされたことが、家康が三方ヶ原の戦いで大敗を喫した最大の理由です。

信玄のたくみな戦略・戦術

また信玄は、具体的な戦略・戦術においても、用意周到な準備を行っています。

いきなり力押しにするのではなく、遠江の天竜川の東側と北側に散らばる城を次々と調略し、家康を浜松城に追い込むような戦いを展開しています。まさに三年前の失敗に学び、外交的努力をしたうえで、攻め込むというかたちです。もちろん、武田勢そのものの強さもあったでしょう。当時、天下一の強兵とうたわれた武田勢には、熟練の兵士たちがそろっていました。

信玄の作戦も巧妙でした。二俣城から下って浜松城を攻めるように見せかけ、途中から三方ヶ原台地に上り、わざと徳川方にすきを見せておびき寄せる。もっと北の浜名《はまな》湖畔に位置する刑部《おさかべ》城を攻撃するために、浜松城を素通りするそぶりを見せたわけです。

武田氏研究で著名な平山優《ひらやまゆう》さんは、最近、信玄は浜名湖水運の拠点であった堀江《ほりえ》城の攻略を目指していたとする研究を発表しました（5-2）。堀江城を失えば、浜名湖水運の支配権を失うことになる家康は、これを見過ごすことができずに信玄の大軍に勝負を挑み、三方ヶ原で大敗を喫した。そう平山さんは分析しています。

たしかに信玄は、駿河湾、高天神《たかてんじん》城下の湖、浜名湖、三河湾と、水運の拠点を確保して支配することを目指していたと思われます。それは商圏の獲得だけではなく、

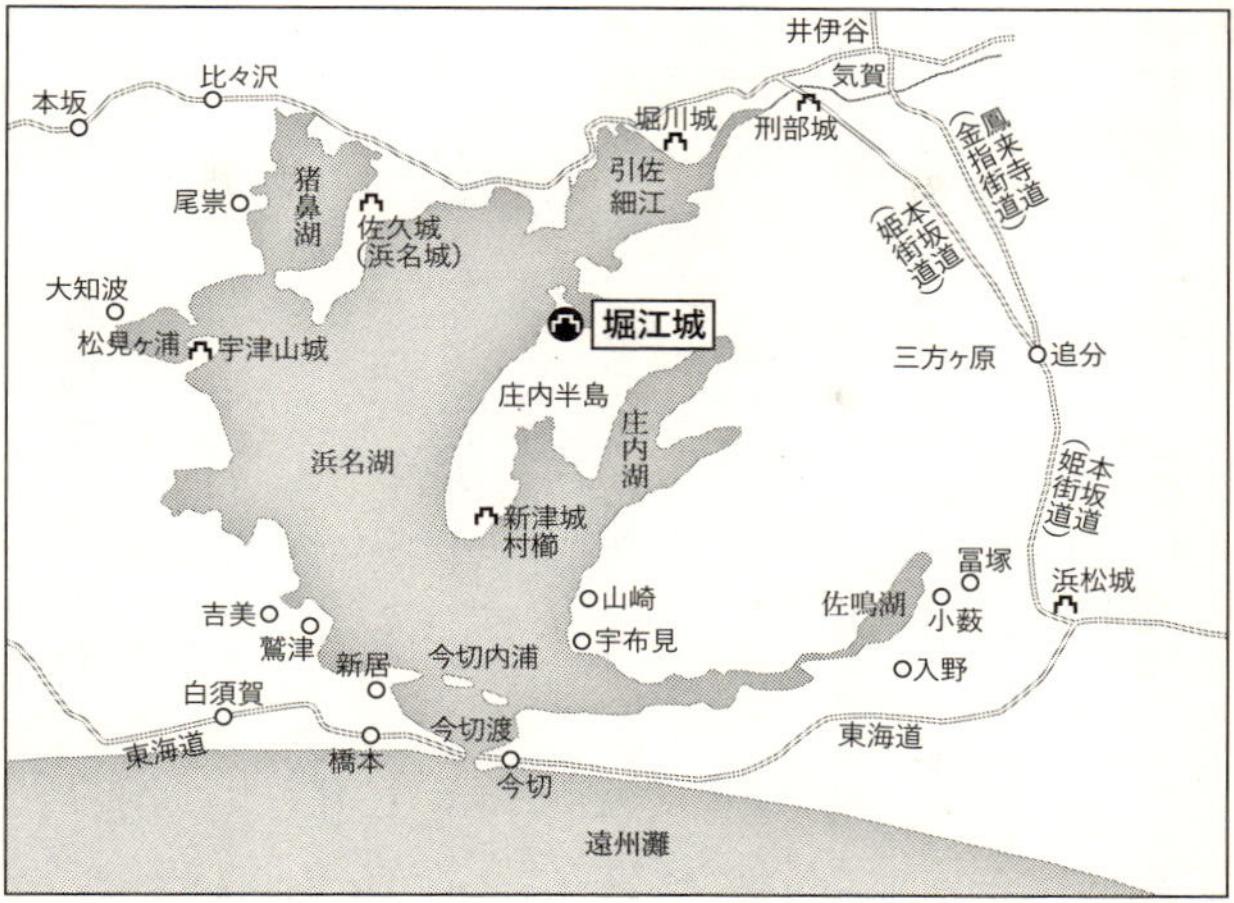

5-2　堀江城と浜名湖
（平山優「遠州堀江城と武田信玄」［『武田氏研究』第65号］掲載図を元に作成）

硝石や鉛を入手するための補給ルートを確保するという、軍事的な意味も持っていました。したがって、堀江城攻略を狙っていたという見方は納得がいきます。

ただ、『信長公記』には、武田勢は十二月二十二日の三方ヶ原の戦いに勝利したので次の作戦に移り、二十三日から二十七日にかけて堀江城を攻め、攻略したと記されています。堀江城攻略が当初からの目標だったかどうかは、もう少し検討の必要があるかもしれません。

なぜ浜松城から出撃したか

武田勢が堀江城に向かうのか、あるいは姫《ひめ》街道を通って三河方面に向かうのか、浜松城に籠《こ》もっている家康には判断がつかなかったと思います。しかし、そのいずれかであることは、想像できたでしょう。

そうなると、家康の立場としてはそのまま籠城を続けるわけにはいかない。なんとしても武田勢を追撃しなければならなかった。それは国を預かる大名として当然の判断です。浜松城に籠もっていれば負けなくてすんだ、などという話ではありません。

家康は遠江を版図に収めたとき、現地の国衆たちと、何があってもあなたたちの領土を守ると約束した起請文を交わしています。この約束は果たさなければならない。もしここで彼らを見殺しにすれば、すべての信頼を失うことになるわけです。それが、家康が三方ヶ原での会戦を決断した理由の一つでしょう。

当時、大名権力の勢力範囲が接する「境目の城」を本拠とする国衆は、情勢次第でどちらにでもつきました。いったん味方についた家康が自分たちを守ってくれないなら、全員武田方に寝返って二度と家康に味方してはくれないでしょう。家康としては、信玄と戦わざるを得なかったのです。

後ろを見せて行軍する敵勢

もう一つ、家康は勝てると思ったのではないか。私は実際に自転車で走って取材したことがあるのですが、三方ヶ原という場所は道がとても狭い。いまでも片側一車線しかない。その狭い道を武田軍が自分たちに背中を見せて進軍している。後ろから襲いかかれば、常識的に考えれば絶対に勝てる。家康はそう思ったのかもしれません。

しかも、後ろ姿を見せて行軍する敵に対し、城に籠もって指をくわえて見ているようでは、戦国武将としてはもうおしまいです。卑怯者、意気地なしと言われるのは間違いない。

後ろから襲われたなら、武田勢は迂回あるいは反転して徳川勢に反撃するしかありませんが、三方ヶ原の道にはそんなスペースはありません。家康は約一万の兵を率いて、二万余の武田勢を後ろから追っていきます。しかし、信玄はこれを当然のごとく察知していました。さらに言えば、どこで徳川勢が襲いかかってくるかも分かっていた。武田勢が三方ヶ原台地から下りる途中、祝田《ほうだ》の坂で攻めるのがもっとも効果的です。

信玄はそれを読んで、坂の手前に馬場《ばば》信春《のぶはる》や小山田《おやまだ》信茂《のぶしげ》らの別働隊を伏せさせていた。敵を追撃するつもりの徳川勢は、正面に布陣した武田の別働隊に攻めかかられる。そうこうしているうちに、武田の本隊も反転して徳川勢への攻撃を開始する。こうなると、もはや徳川勢に勝ち目はありません。

信玄の死に様

信玄は、この三方ヶ原の戦いで文字通りの完勝を収めました。まさに「三年の鬱憤」を存分に晴らしたのです。おそらく信玄も、外交戦での敗北がよほど堪えたのか、じつに周到に作戦を練って、戦いに臨んでいます。もちろん、兵も鍛えあげていたでしょう。

信玄にとってこの戦いは、生涯を通して最大の勝利だと言うべきかもしれません。信玄と言えば川中島《かわなかじま》の戦いが有名ですが、必ずしも勝利を収めたとは言いがたい。そう考えると戦国武将としてのハイライトと言うべきは、この三方ヶ原の戦いでしょう。

家康と信玄を比べれば、もちろん国力に大きな差があるわけですから、真正面から武力衝突すれば家康に勝ち目はありません。しかし家康は、永禄十二年の段階では、たくみな外交力を駆使して、信玄に煮え湯を飲ませることに成功しました。しかしその三年後に、本気になってかかってきた信玄に手痛いしっぺ返しを食ったということになります。

ところが、信玄はそれからまもなく病気になり、三河への侵攻を中止して帰国の途につきます。そして甲斐に帰国する途中、元亀四年四月に死去します。家康にすれば、九死に一生を得た思いだったでしょう。もし病気になっていなければ、信玄はおそらくそのまま三河を手中に収め、いよいよ信長と一大決戦に及んでいたかもしれません。

信長は現実主義者ですから、信玄が版図に入れた旧徳川領国をすべて信玄に引き渡すという条件で、和睦を結ぶ可能性もあります。そうなると浜松城に孤立していた家康は立つ瀬がありません。おそらく、信長もしくは武田の家臣に編入されて、徳川家は潰れていたかもしれません。

三方ヶ原の大敗から学んだこと

しかし、この敗戦は、やがて家康をひとまわり大きくしていくことになります。千人近くの家臣を失い、すべてを失ったとも言えるような敗戦でしたが、家康も家臣たちも多くのことを学びました。

のちに信玄の後継者となった武田《たけだ》勝頼《かつより》との間で、遠江の高天神城をめぐって何度も抗争を繰り広げますが、家康は周囲にいくつもの付け城を築くなど、慎重すぎると思えるくらい慎重に戦いを進めています。絶対に勝てる状況を作ってから戦う。武田勢に対する恐怖や警戒心が、それだけ強かったということでしょう。

それと同時に、あの武田勢にどうしたら勝てるかということも、常に家康の頭にあったと思います。そしてその三年後、今度は家康が「三方ヶ原の鬱憤」を晴らすかのように、長篠《ながしの》の戦いで武田方に勝利するわけです。

しかも家康は、ただ鬱憤を晴らすだけでなく、信玄という偉大な武将から多くのものを吸収しています。戦のやり方、家臣の統制法は言うに及ばず、領国統治についても信玄を手本にしています。河川改修などの土木工事、金を基本とする貨幣制度など、のちに幕府を開いてからも、武田家のメソッドを援用しています。

家康、再起の条件

家康は信長からも、今川からも多くのことを学んでいます。なぜそんなことができたのか。なぜそんなに柔軟に他者から学ぶことができたのか。その理由の一つは、今川家での人質時代に培った人間観察力があったことでしょう。

そしてもう一つは、第一章で述べた「厭離穢土　欣求浄土」というスローガンに関係していると思います。この世を極楽浄土にするというのは、途方もない目標です。人間、身近な目標を持っている人ほど、利害損得を気にしがちです。壮大な目標を持つ人は、少々のことには拘泥せず、切り替えがきくものです。大敗を喫したとしても、また勝てばいいだろう。逆に生き残れただけでもうけものだといった切り替えが、家康はできたのではないでしょうか。

三方ヶ原で家康が生き延びたのは、何人もの家臣が身を挺して守ってくれたおかげでもあります。家康は、こうした家臣たちによって「生かされた」という思いを抱いたはずです。そして、「厭離穢土　欣求浄土」という壮大な目標を達成するために、神仏によって「生かされた」という感懐も持ったのではないでしょうか。九死に一生を得る体験をすると、人は往々にしてそういう運命論的な考えに心惹かれるようになります。

家康は、桶狭間の戦いのあと、岡崎の大樹寺《だいじゅ》に逃げ帰り、先祖の墓の前で腹を切ろうとしました。大樹寺の登誉《とうよ》上人は家康に「厭離穢土　欣求浄土」の教えを説いて諭し、家康は死を思いとどまり生きる決意をしたと伝わっています。

のちに家康はこの言葉を自らの旗に記すことになりますが、第一章で触れたように、それは三方ヶ原の戦いの直前からだったのではないかと、私は想像しています。

旗に記された「厭離穢土　欣求浄土」の字句を見ると、大樹寺で死を覚悟したあの瞬間にいつでも戻れるという気持ちが家康にはあったのではないか。あのとき死んだと思えば、なんでもできる。そんな覚悟があったからこそ、三方ヶ原の大敗からも力強く立ちあがることができたのではないかと思います。

第六章

家康の逆襲

長篠の戦いには前哨戦があった

第五章で触れたように、元亀三年（一五七二）十二月二十二日の三方ヶ原の戦いで、徳川家康は武田信玄に大敗を喫します。しかし、翌年の四月十二日に信玄は病で亡くなります。

こうした状況下で、畿内では信玄を頼りに織田信長に反旗を翻して槙島《まきしま》城に籠もっていた足利義昭が、信長に降伏します。これによって、将軍・義昭を動かして信長包囲網を構築した武田家の戦略は崩壊しました。武田家と周辺大名との交流も、ここでいったん途切れました。

家康はすかさず武田方の北からの侵攻に備えて、九月十日に長篠城を奪還しました。長篠城は三河東部に位置し、寒狭《かんさ》川（豊《とよ》川）と大野《おおの》川（宇連《うれ》川）という河川の合流地点の断崖絶壁上に築かれた、天然の要害です。

ところがその翌年の天正《てんしょう》二年（一五七四）六月十七日、遠江の高天神城を武田方に奪われてしまいます。高天神城はちょうど大井川と天竜川の中間地点にあり、北には東海道が通り、その押さえとして掛川城があるという、東海道の交通ににらみをきかす場所に位置していました。

さらに高天神城のすぐ南まで、遠州灘の内海が入り込んでいました。この内海が非常に重要でした。現在、この内海は埋め立てられてしまいましたが、当時は浜野《はまの》浦と呼ばれ、国安《くにやす》の湊《みなと》という港があり、水軍の拠点としても知られていました。武田方は、この国安を高天神城への補給に利用していました。

当時、駿河から御前崎《おまえざき》を回って三河湾や伊勢湾に入る太平洋海運において、この国安の湊はとても重要な意味を持っていました。御前崎の沖を航海するのは、じつは非常に難しい。黒潮が流れていることもあり、逆方向に進むときは沖に出ることができず、陸地にへばりつくように進む「地乗り航法」という方法でしか進めなかった。船乗りたちからすると、御前崎の難所を越えてようやく休息できる安全な港が、国安だったわけです。

高天神城を押さえることは、この重要な港を押さえることに直結していました。だからこそ、高天神城は武田方にとっても徳川方にとっても、重要な城だったのです。

武田勢の侵攻を迎える家康の構え

その高天神城を奪取したことで、武田家は遠江の天竜川より東を影響下に収めることができました。そこで今度は長篠城を奪還すれば、武田は北と東から家康を圧迫することができる。おそらく武田勝頼はそう考えたのだと思います。そしてこの戦略は、三方ヶ原の戦いのときに信玄がやろうとした戦略なのです。信玄が志半ばで実現できなかった戦略を、勝頼は実行しようとしたわけです。

家康はこうした勝頼の狙いを察知して、天正元年ごろから長篠城に奥平信昌《おくだいらのぶまさ》を入れて、守りが手薄だった長篠城の北に大きな二重の空堀[1]を掘るなど、守備を強化していました。信昌は奥三河三人衆と呼ばれた有力国衆の一人で、家康の傘下から一時、武田方に寝返り、さらに家康の娘・亀姫との婚約を条件に徳川方に再び帰属していました。その信昌に長篠城を任せることは、奥三河の国衆がこぞって徳川方につくことを意味していたのです。

このように、家康も万全の態勢を整えて、武田勢の来襲に備えていたわけです。

また当時、家康はしきりに鷹狩《たかがり》に出かけていた記録がありますが、これも長篠から設楽原《したらがはら》にかけての地形をつぶさに観察するための偵察行動だったと思われます。

家康が狙った「後詰め決戦」

　やがて、武田勢が南下をして長篠城に向かうという報せが届きます。長篠城の六百メートルほど北に医王寺《いおうじ》山という山があり、長篠城を眼下に見下ろす場所にある。武田勢がそこに進出してくる。このときの軍勢は一万五千ほどだったと言われています。

　家康は、武田勢を迎えるにあたって、どうやって勝つかを周到に研究し、戦略を立てていました。それは「後詰め決戦」と呼ばれる戦略でした。長篠城を敵の攻撃から守っている間に後詰めの軍勢を差し向け、敵の本隊をせん滅するという戦法です。いわば長篠城を囮に使ったわけですが、この「後詰め決戦」というのは戦国時代にはしばしば見られた戦い方で、きわめて有効な戦法でした。

　このとき、「後詰め決戦」を実現するための重要なポイントは、医王寺山に布陣していた武田本隊が、寒狭川を越えて設楽原に出てくるかどうかでした。寒狭川はさして広くはありませんが、岩場の多い深い川です。武田勢はこの川に橋を架けて渡ったのですが、ひとたび川を渡ってしまったら、引き返すのはなかなか難しい。武田勢としては勝利を収めるしか活路がなくなってしまう。逆に家康からすれば、武田勢に寒狭川を渡らせさえすれば勝てる。そう思っていたはずです。

家康の仕掛けた調略

そこで家康は、武田勢を誘いだす調略と外交戦を展開します。その一つは、偽の情報を流す作戦です。よく長篠の戦いは、「信長」が武田に勝った戦いと言われますが、じつはそれは正しくありません。

信長は、決戦が行われた五月二十一日、戦いの趨勢が決まるまで、決戦場から二キロメートルほど西に位置する寺にいました。なぜそうしたかというと、「家康は必死に信長に援軍を求めたのに、信長は来ない。そしてわずか五千の援軍しか送らなかった」という演出をしたからです。

つまり、徳川勢は家康の兵八千と五千の援軍、あわせて一万三千しかいない。その一万三千の兵が、馬防柵《ばぼうさく》[3]を作ってその内側でなんとか敵を防ごうとしていると見せかけました。勝てる自信があるなら、柵で守るなどということはしない。馬防柵を築いたということは、柵で敵を防ぎながら信長の到着を待っているんだと思わせようとしたわけです。

長篠に出陣する前に、信長と家康は岡崎城で事前の打ち合わせをしています。おそらくそのときに家康はこの作戦を信長に伝え、あえて決戦場の西に本隊を隠しておいてくれるように頼んだのでしょう。武田方からすれば、信長の本隊が到着していないのであれば、いまのうちなら勝てると思ったはずです。信長が来る前に決着をつけようじゃないか、という気になったのではないでしょうか。

退路を断たれた武田方

馬防柵を築いたのは、高さ二メートルほどの高台です（6-1）。一方、武田勢が東の高台に布陣すると、両者の距離はわずか二、三百メートルほどしかありません。そして、その北方には丸山《まるやま》という丘があります。そこには信長家臣の佐久間信盛《さくまのぶもり》の

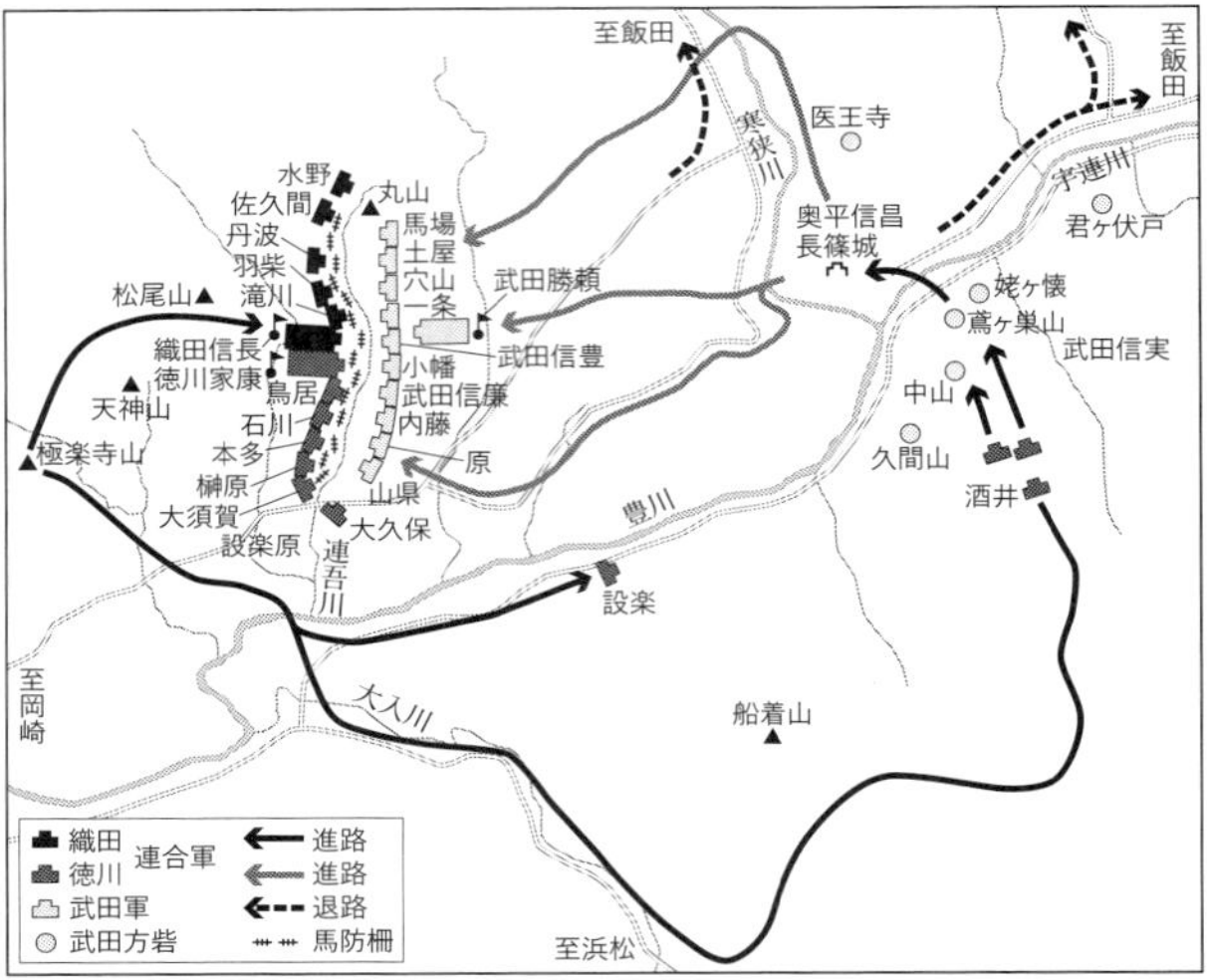

6-1　長篠の戦いの布陣

軍勢が置かれました。

　この信盛が武田方に内通するという書状を送ります。丸山に布陣したということは、敵中に放置されたようなもので、死《し》に番《ばん》[4]をしろと信長に命じられたに等しい。使い殺しにされるくらいなら、むしろ武田方に寝返ってしまおう。そう佐久間は武田方に伝えたと、一部の記録には記されています。これも、武田勢を誘いだすための策の一つです。

　武田方にも歴戦のつわものがいますから、そんな誘いに乗ってはならないと勝頼を諫《いさ》める者もいたようです。しかし、勝頼の側近たちは功を焦っていた。ここで手柄を上げなければ、勝頼は信玄の正統な後継者として認められないのではないか。その焦りから出た強行策が採用され、武田勢は設楽原に出陣します。

家康の「十倍返し」

これを確認した家康は、五月二十日の夜、重臣の酒井忠次らに武田方の鳶《とび》ヶ巣山《すやま》砦を夜襲させます。忠次らは鳶ヶ巣山砦を落とし、さらに長篠城に向かい、包囲していた武田勢を追い払ってしまう。こうなると、寒狭川を越えて西に出撃していた武田勢は、完全に退路を断たれることになります。

まさに、家康の戦略が見事にはまったと言えるでしょう。武田勢を設楽原に誘いだしたこと、それこそが長篠の戦いに勝利した一番の要因なのです。

長篠の戦いというと、鉄砲を大量動員した信長の天才的な戦略ばかりが表に出ますが、じつは戦いが始まる前の段階で、家康の仕掛けた策略が物の見事に成功していた点にこそ、注目すべきだと思います。家康はじつに二年近くの時間をかけて、この作戦を練りあげました。そして、完璧に勝頼を罠にはめたわけです。

それは家康が完璧に信玄の罠にはめられた三方ヶ原の戦いに対するリベンジであり、「十倍返し」だったと言ってもいいでしょう。

午前八時、合戦開始

五月二十一日、午前八時ごろに合戦が始まります。馬防柵の後ろに織田・徳川勢が並びます。北側に織田勢、南側に徳川勢が布陣していましたが、徳川勢はやや低い崖の上に陣を敷いていました。したがって武田勢は、攻めやすい徳川の陣を一挙に突破しようと集中します。徳川勢は、まず馬防柵の前に掘った「身隠し」と呼ばれる塹壕《ざんごう》から、武田勢に鉄砲を撃ちまくります。敵が迫れば馬防柵の後ろに隠れて、さらに一斉射撃をする。

こうして武田勢を食い止めている間に、信長の本隊が頃合いを見て前線に姿を現します。翩翻《へんぽん》と翻る[5]織田の軍旗とともに、三万とも言われる織田の本隊が登場するわけです。それを目にした瞬間に、勝頼は自分が罠にはめられたことに気づいたでしょう。もはや勝ち目はありません。ただちに撤退を決めた勝頼は、前線で兵が戦っている間に、側近の馬廻衆《うままわりしゅう》[6]に守られながら寒狭川の西岸をなんとか北上し、信濃へと落ち延びました。

合戦が最終的に終わったのは午後二時ごろとされています。武田勢は、一説によれば一万人に及ぶ犠牲者を出したと言われています。

長篠に消えた鉛弾はどこにいった

この長篠の戦いで、織田・徳川連合軍は三千挺もの鉄砲を使用したと言われています。一人あたり三百発の弾を撃ったとすると、じつに九十万発の弾丸が飛び交ったことになります。

火縄銃の弾は、三匁弾《さんもんめだん》と呼ばれる標準的な弾だと、一つ一一・三グラムですから、合計で一〇・一七トン。約一〇トンもの鉛が使用されたことになります。そのうちの三分の一が敵にあたったと仮定すると、一万五千の武田勢に対し約三十万発の鉛弾があたったことになるので、一人二十発もの弾を受けた計算になります。

ところが、なぜか長篠の古戦場では、このときの弾はあまり見つかりません。当時、合戦のあとは、地域住民に戦場のあとかたづけをやらせました。遺体をかたづけたのは、疫病を防ぐためと、供養をするためです。そのとき報酬として、遺体が身に着けていたものを自由にしていいとお達しが出ました。

さらに、鉄砲の弾を見つければ、一つ何文かで買いあげるということもしていたのではないでしょうか。遺体の体内からも、もちろん弾は出てきたでしょう。集められた弾は、いったん溶かしたうえで再び弾丸に鋳《い》なおされ、次の戦に備えたのだと思います。

以前、陸上自衛隊の幹部自衛官の方とお話しする機会があったので、この話をしたことがあります。するとその方は、現在でも事情は似ているという話をしてくれました。われわれも富士の演習場で実弾演習をするときは、薬莢《やっきょう》をすべて回収すると。それは撃った実弾の数と薬莢の数が合うかどうかを確認し、実弾を着服する隊員がいないかを確かめるためですが、もう一つ、薬莢を金属としてリサイクルできるからだそうです。

鉛同位体から何が分かるのか

鉛弾を回収したのは、言うまでもなくそれが貴重だったからです。鉄砲の需要が増えれば、鉛の需要も増えます。そして、じつは銀の精製にも鉛は必要とされたのです。当時は灰吹《はいふ》き法という技術が使われていたのですが、これは金や銀などの希少金属をいったん鉛に溶かし込んで合金を作り、これを加熱して酸化した鉛を除去して金や銀を取りだす精製方法です。

第二章で、戦国時代はシルバー・ラッシュの時代であったと述べましたが、大量の銀を精製するためには、大量の鉛も必要とされたのです。ところが、国内では全国の戦国大名たちの需要にこたえられるほどの鉛は産出できませんでした。どうやって鉛を入手したのかは、長く謎とされてきたのですが、近年、それを明らかにする研究成果が発表されました。

これは、分析化学が専門の平尾《ひらお》良光《よしみつ》さんと、歴史学の飯沼賢司《いいぬまけんじ》さんという、二人の別府大学教授（当時）の研究チームの成果です。彼らは、金属遺物に含まれる鉛の「同位体」と呼ばれる要素を分析して、その比率から鉛の産地を特定し、さらに文献史料をもとにその裏づけを取るという「分析歴史学」の研究を進めました。

「同位体」とは、原子核《げんしかく》[7]中の陽子《ようし》の数は同じでも、中性子《ちゅうせいし》の数が異なる原子の種類のことで、同じ鉛でも産出地によって同位体の比率が変わってくるのです。逆に同じ産地、同じ鉱山から採掘された鉛は、きわめて似通った比率を示します。

戦国のサプライ・チェーンと信長・家康

二十年以上にわたる研究の蓄積によって、鉛同位体の比率を分析すれば、それがどの国のどの鉱山で産出したものかを突き止めることができるようになりました。当初、この研究では鏡や銅鐸《どうたく》[8]などの考古遺物が分析の対象だったようですが、やがて、戦国時代のキリシタン遺物であるメダイ（メダル）や、火縄銃《ひなわじゅう》[9]の弾も分析対象となり、その鉛の多くがタイのソントー鉱山の鉱石から抽出されたものであることが解明されました。

ソントー鉱山は、首都バンコクの北西に位置する世界でも屈指の規模を誇る鉛鉱山です（14頁　1-1）。約二千五百年以上にわたって稼働してきた、世界でももっとも長い歴史を持つ鉱山とも言われています。この研究によって、日本の戦国時代を大きく動かした鉄砲弾に使用する鉛のサプライ・チェーン（供給網）が、ついに明らかにされたのです。

こうした鉛は、スペインやポルトガル、イギリスなどの商人たちが日本に運び込んだわけですが、どこにどれだけ売るかという差配をしていたのはイエズス会の宣教師で、日本布教区責任者であったフランシスコ・カブラルだったことが分かっています。

つまり、戦国のサプライ・チェーンを支配していたのは、イエズス会だったわけです。南蛮貿易がイエズス会と密接な関係にあり、その支配を受けていたことが非常によく分かります。日本の商人も大名も、イエズス会を通さなければ鉛の取引をすることができなかったわけです。

逆に言えば、信長とその同盟者である家康は、天正三年（一五七五）までに、イエズス会を通じて鉛や火薬の原料となる硝石を大量に輸入するルートを掌握していたことになります。

彼らが天下統一事業とその補佐という大きな役割を成し得たのは、こうしたサプライ・チェーンの確保ができたからであることは、もはや疑いようがありません。

家康に影響を与えたキーマン

ここで少し目先を変えて、当時の家康を理解するうえでキーマンとなる人物について触れてみたいと思います。家康の母・於大の兄である水野信元です。家康の伯父にあたります。

水野家は知多半島周辺を支配する一族で、信元の父・水野忠政は三河の緒川《おがわ》城主でした。一族は刈谷、大高、常滑《とこなめ》などに分かれていました。忠政は松平家と同じく今川家の傘下でしたが、家康誕生の翌年の天文十二年（一五四三）に信元が家督を継ぐと、織田方に鞍替えします。そのために、妹の於大が松平広忠に離縁されたことは、すでに第三章で触れました。

織田家を後ろ盾とした信元は、知多半島の統一戦に乗りだします。信長の初陣は、天文十六年の吉良・大浜《おおはま》への出陣とされています。この場所は水野領なので、おそらく信元への援軍だったと思われます。その後、今川方が優勢となり、織田・今川の申し合わせで信元はいったん今川家の傘下に戻ります。しかし、天文二十二年に大高城、沓掛《くつかけ》城が今川方に奪われると、信元は再び織田方に帰参しました。

翌天文二十三年には、今川義元は信元を攻め滅ぼそうと攻め立て、緒川城のすぐ北に村木砦を築きます。信元はたまらず信長に援軍を頼むと、信長はただちに駆けつけ、信元と協力して村木砦の戦いに勝利を収めました。

家康と信元の微妙な関係

信元と家康は、それぞれ織田家、今川家に帰属していたので、水野勢と岡崎衆は両者の代理戦争のようなかたちで、西三河や尾張南部で小規模な衝突を繰り返しました。そして、永禄三年（一五六〇）の桶狭間の戦いが織田方の大勝利に終わると、信元は大高城にいた家康に義元の死を報せ、落ち延びさせます。

そして、すでに第四章で触れたように、信元は家康を説得し、永禄五年の信長との清須同盟において、その仲介役を果たしました。このとき、信元の弟・水野《みずの》忠重《ただしげ》と、従兄弟の水野《みずの》清久《きよひさ》が信元から離れ、家康のもとに走ったとされています。同族の信元よりも家康のほうが将来性があると判断して、家康に乗り換えたのでしょう。

家康の伯父であり、信長との仲立ちをした信元は、ある程度家康に対して影響力を持っていたようですが、二人の関係はやはり微妙なものだったのかもしれません。

水野信元の最期

元亀三年（一五七二）の三方ヶ原の戦いのときには、信元は織田方からの援軍として浜松城に向かい、家康を助勢しています。しかしその三年後の天正三年（一五七五）、長篠の戦いの翌年になりますが、武田方の美濃岩村《いわむら》城主・秋山虎繁に兵糧を送った疑いをかけられます。信元を讒言《ざんげん》10したのは、織田家臣の佐久間信盛でした。

もしそれが事実だとすれば、武田方への内通にほかなりません。信長は家康に信元の処刑を命じます。家康は岡崎城下の大樹寺において、信元を処刑。母・於大の再婚相手である久松俊勝《ひさまつとしかつ》は、義兄の信元に対するこの処置に怒り、徳川家を出奔してしまいます。これを機に於大も、於大と俊勝との間に生まれた子どもたちも、家康のもとに引き取られました。

知多半島を領する信元は、家康と信長の間に立つ存在でした。しかし、この段階では家康は戦国大名として自立しつつも、信長の統一事業をサポートする同盟相手となっていました。つまり、もはや信元は用なしとなり、知多半島という海洋交易の重要な拠点を押さえているだけに、信長にとって目障りな存在になっていたのかもしれません。

家康にしても、伯父である信元を殺せば必ず一族に遺恨が残りますから、けっして積極的に殺したわけではないでしょう。しかし、信長に逆らって武田方に内通したとの疑いがかけられた以上、信元を弁護することはできなかったのだと思います。

家康にまつわる女性たち――祖母と母

家康の母・於大の実家である水野家について触れた流れで、この章の最後に、家康に大きな影響を与えた女性たちについて、まとめておきたいと思います。

まず家康の母方の祖母である源応尼（華陽院　一四九二〜一五六〇）です。水野信元の父・忠政の妻で、於大や忠重の母です。のちに水野家と松平家の講和条件として家康の祖父・松平清康に再嫁したとされていますが、年代が合わないため否定する研究もあります。すでに第三章で触れたように、今川家の人質となった家康を追って駿河に身を寄せ、八年間にわたり家康を育成しました。浄土宗の教えを家康に授け、その心の支えとなった女性だと思います。

次に、母・於大（一五二八～一六〇二）をあらためて振りかえっておきます。出家後の伝通院《でんづういん》という呼び名でも知られています。緒川城の水野家に生まれたことも、述べてきた通りです。松平広忠に嫁いだのが、天文十年（一五四一）。翌年に家康を産みますが、兄の信元が織田方についたため離縁。阿久居《あぐい》城主の俊勝に再嫁したのが天文十七年です。俊勝との間には、三人の男子をもうけました。桶狭間の戦いののち、俊勝は家康に従うようになり、ともに家康のもとに移ります。

このあたりにも、家康の懐の深さや人情味を私は感じます。子どものころに別れた母、その再婚相手、再婚相手との間に生まれた子ども。それを全部まとめて面倒を見たわけです。普通、他家に仕えられるように斡旋する程度のことはするかもしれませんが、全部受け止めて面倒を見るのは、なかなかできないことです。

幼くして別れた母に対する思慕の念も当然あったでしょう。しかし、戦国時代に限りませんが、異父兄弟、異母兄弟というのは、ともすれば家督争いなどのトラブルを引き起こしがちです。それを防ぐために、家康をあくまでも主君として立てるように筋道は通していたでしょうが、それにしても珍しいことだと思います。

しかし、すでに触れたように、俊勝は信元の殺害を機に出奔してしまいます。これ以後、於大は家康の庇護を受けるようになり、その子どもたち、康元《やすもと》、康俊《やすとし》、定《さだ》勝《かつ》は松平姓を許され、三人とも大名となっています。そして娘たちも松平一族のもとに嫁いでいます。そのあたりにも、家康の家族を大事に思う心情と、情け深い性格がうかがえるように思います。

家康にまつわる女性たち――正室

家康の最初の正室となったのは、築山殿（築山御前　?～一五七九）。今川一門の関口氏純の娘で、母は義元の妹もしくは伯母とも言われています。弘治《こうじ》三年（一五五七）に家康と結婚。二年後の永禄二年（一五五九）には嫡男の松平信康を、永禄三年には亀姫を産んでいます。

父・氏純は桶狭間の戦いののち、今川から離反した家康と通じているのではないかと今川氏真に疑われ、妻とともに自害に追い込まれました。今川家に人質のようなかたちで身柄を拘束された築山殿は、子どもたちを守り続けていましたが、やがて人質交換で母子三人そろって岡崎に引き取られます。

しかし、なぜか築山殿は岡崎城には入らず、城外の西岸寺《せいがん》に居住します。このことから、すでに築山殿は家康に離縁されていた、あるいは二人の関係が悪くなっていたと見る人もいますが、そうであれば、なぜ人質交換によってわざわざ築山殿を引き取ったのか。信康と亀姫だけを引き取るということもできたはずです。

家康は築山殿の両親である関口夫妻に対する罪の意識を持っていたのではないでしょうか。自分が今川と手切れをしたために、彼らは命を落としたわけですから。その贖罪《しょくざい》意識もあって、築山殿と離縁することもなく、人質交換で手元に取り返したのではないか。私はそう見ています。

元亀元年（一五七〇）、家康は遠江の浜松城を新たな居城として移ります。すると、嫡男の信康が岡崎城に入り、築山殿も生母として入城します。そして天正七年（一五七九）には信康の正室・徳姫（信長の娘）の讒言が原因で、築山殿は処刑され、まもなく信康も二俣城で自刃しました。

この事件については、次章であらためて触れます。

家康にまつわる女性たち――妻たち

築山殿の死後、家康は豊臣秀吉の妹・朝日姫《あさひひめ》（一五四三～一五九〇）を正室にします。正室はこの二人だけで、それ以外に記録に残るだけで二十人の側室がいたと言われます。しかし、九州大学教授の福田千鶴《ふくだちづる》さんの研究によれば、彼女たちは全員が側室、つまり妾ではなく、継室《けいしつ》と呼ぶべき正式な妻もいたようです。ここでは代表的な二人を取りあげます。

お万《まん》の方（長勝院《ちょうしょういん》　一五四八～一六二〇）。父は池鯉鮒《ちりゅう》明神の社人を務める永見貞《ながみさだ》英《ひで》で、母は水野忠政の娘で於大の妹でした。つまりお万の方は於大の姪にあたります。元亀三年に浜松城の家康に嫁ぎ、天正二年に結城秀康《ゆうきひでやす》を産みます。秀康はじつは双子で、もう一人は永見貞愛《ながみさだちか》とされています。

秀康は天正十二年に秀吉の養子となり、のちに結城氏を継ぐことになります。関ヶ原の戦いのおりは関東の守りを任され、その功で越前北ノ庄《えちぜんきたのしょう》六十八万石の大名となります。お万の方も秀康に従い越前に移りました。そして慶長《けいちょう》十二年（一六〇七）に、秀康は病で急死。お万の方は出家し、元和《げんな》五年（一六二〇）に北ノ庄で七十二歳の生涯を閉じます。

お愛《あい》の方（西郷《さいごう》の局　一五五二〜一五八九）は、三河西郷氏の出身。戸塚忠春《とづかただはる》という武士に嫁ぎますが夫に先立たれ、次いで従兄の西郷義勝《さいごうよしかつ》の妻となり一男一女をもうけます。しかし、元亀二年の竹広《たけひろ》合戦で義勝は戦死。その後、酒井忠次の妹婿にあたる西郷清員《さいごうきよかず》の養女として、家康の側室となりました。家康の寵愛を受け、天正七年には嫡男・徳川秀忠《とくがわひでただ》を、翌年には松平忠吉《まつだいらただよし》を産んでいます。

1　水を張っていない土造りの堀。
2　先陣の援軍として敵を後ろから攻撃する部隊。
3　敵の騎馬隊の進行を妨げるために設けた固定の柵。
4　非常に危険な役割。
5　風にはためく様子。

6　大将の側で護衛する騎馬の武士。

7　物質を構成する基本単位である原子の中心部にあり、陽子と中性子という粒子が結合したものを言う。原子の内部はほぼ空洞で表面をマイナスの電荷を持つ電子が取り巻き、同じ電荷同士の反発によって物質に触れることができる。周期表は陽子の数の順に原子（元素）を並べたものであり、陽子と中性子の組み合わせで物質に違いが生じる。

8　弥生時代の青銅器で、祭祀などに使われたとされる。

9　銃の初期のかたちで、火縄で着火する。

10　人を陥れるために嘘を目上の人に言って印象を悪くすること。

第七章

家康の苦悩と成長

武田家の凋落

長篠の戦いののち、徳川家康は武田家の勢力圏だった東遠江に攻略の手を伸ばし、両者の間で高天神城をめぐる一進一退の攻防が繰り広げられました。高天神城の地政学的な重要性については、第六章で触れました。武田勝頼は高天神の地を直轄地として城の整備も行っています。

そして天正八年（一五八〇）三月から、家康は織田信長の助勢を得て、再び高天神城への攻撃を開始します。翌天正九年になると、城を守る武田方の岡部《おかべ》元信《もとのぶ》らは、高天神城や小山《こやま》城など武田方の城を明け渡すことを条件に信長に助命嘆願をしたようです。

しかし、信長はここで開城を受け入れるよりも、落城に追い込んだほうが武田家や武田方に大きなショックを与えられるだろうと判断し、家康に高天神城攻撃を続けさせました。信長は、その翌年に武田家の本国に攻め入る計画を立てていましたから、その前哨戦で華々しく敵の城を落城させて、武田方の戦意をくじこうと思ったのでしょう。

三月二十二日、徳川勢の総攻撃を受けた高天神城は落城し、元信らは討死にしました。この落城によって、武田家は事実上、遠江から撤退したことになります。それ以上に痛手だったのは、勝頼が高天神城の救援をせず見殺しにしたとの世評が流れ、武田家凋落を天下に印象づけてしまったことです。

武田領国の国衆たちは、高天神城のように見捨てられてしまうのであれば、命がけで織田方に抵抗するのはやめようと思い、攻められればすぐに降伏してしまう。勝頼は高天神城の落城で、「天下の面目を失った」と『信長公記』に記されています。

謎の大賀弥四郎事件

少し時期をさかのぼって、長篠の戦いの直前に話を戻します。

長篠の戦いのひと月前、天正三年（一五七五）四月に、徳川家中で大賀《おおが》（もしくは大岡《おおおか》）弥四郎《やしろう》事件と呼ばれる騒動が起きています。これは家康の嫡男・松平信康の家臣で、三河奥郡二十余郷の代官（あるいは岡崎町奉行）だった大賀弥四郎が、勝頼に内通して武田勢を岡崎城に引き入れようとした策謀だとされています。この計画は、一味の山田《やまだ》八蔵《はちぞう》の裏切りで発覚し、未然に防がれたようです。

　弥四郎を裏で操っていたのは、当時は武田方についていた作手《つくで》城主の奥平定勝《おくだいらさだかつ》（道文《みちふみ》）だと言われています。事件が発覚すると、家康は弥四郎を厳しく詮議します。弥四郎の老母と妻と三人の子を磔柱《はりつけばしら》[1]に上げ、白状しなければ一人ずつ殺すと脅しましたが、弥四郎が白状しなかったので全員を殺し、弥四郎本人は鋸引《のこぎりび》[2]きにしたという話も伝わっています。

　家康が、こんな残酷なことをしたのは、長い人生のなかでも例を見ません。なぜそんなことをしたのか。家康は、弥四郎の背後には奥平家や一向一揆が味方しているのではないか。あるいは三河の国衆がこぞって同調していたのではないかと疑い、早急に手を打たなければ長篠での決戦に間に合わないと焦っていたのだと思います。

　しかし、結局、弥四郎は口を割らずに死に、真相は謎のままでした。家康としては、武田家との一大決戦を前に、この事件をあまり大ごとにしたくなかったはずです。家中が分裂しているような情報を敵に知られたくないし、信長にも知られたくなかった。もし信長に知られれば、信用を失うことは間違いありません。結局、事件はうやむやにされてしまいました。

築山事件に及ぼした影響

しかし、その四年後に、いわゆる築山事件と呼ばれる事件が起きてしまいます。家康の正室・築山殿と、その子で嫡男の信康が、勝頼に内通していたことを理由に家康によって殺害された事件です。私は、じつは四年前の大賀弥四郎事件が、その伏線になっているのではないかと思っています。

天正七年（一五七九）七月十六日、信長から家康に、築山殿と信康に謀反の疑いがあると通告がありました。それを訴え出たのは、信長の娘で信康の正室となっていた徳姫でした（7-1）。おそらくそれは、家康にとっては寝耳に水の事態だったと思います。もしかすると、水野信元を殺害した事件を思いだしたかもしれません。今度は自分が危ない。家康がそう思ったとしても不思議ではありません。

この内通事件の張本人とされているのは、信康家臣の中根《なかね》政元《まさもと》だったと言われて

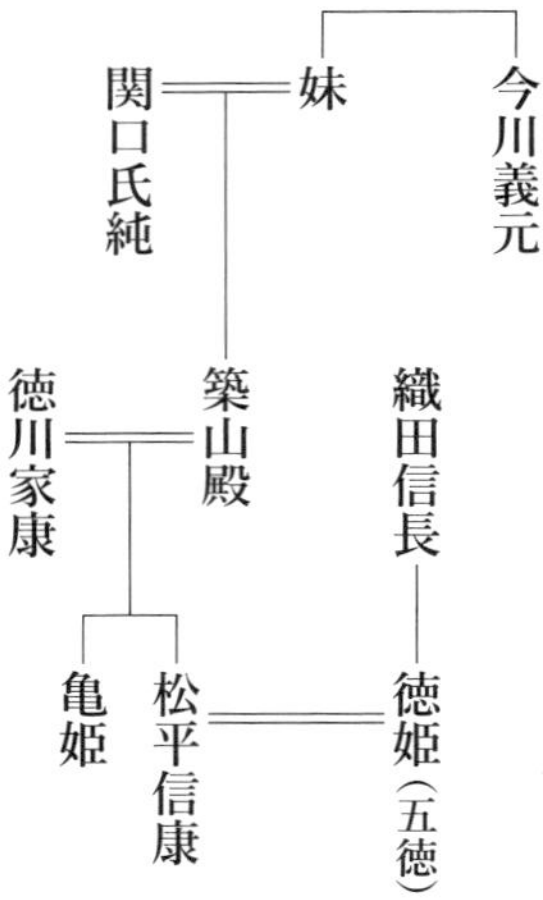

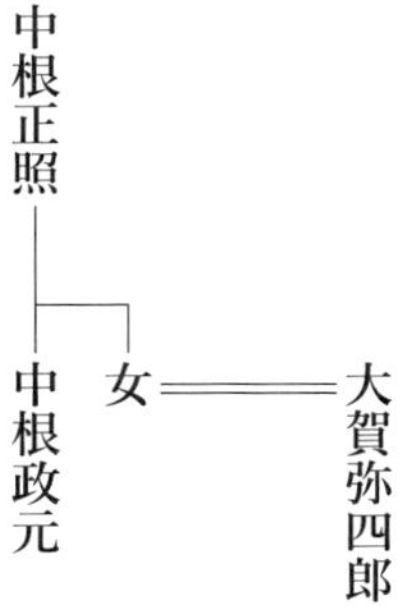

7-1　大賀弥四郎事件・築山事件　関係系図

います。その父・中根《なかね》正照《まさてる》は、二俣城を守っていて武田勢に城をあけ渡したのち、三方ヶ原の戦いでは真っ先に討死にしたとされる、武勲で知られる人物でした。この正照の娘は、弥四郎と結婚しました。つまり、中根政元と大賀弥四郎は義兄弟になるわけです。

この人間関係が、大賀弥四郎事件と築山事件の接点になったのではないか。武田勢を岡崎城に引き入れようと画策した弥四郎は失敗した。その四年後に義兄弟の政元が、弥四郎の遺志を継いで築山事件を起こしたという理解です。

このあたりは史料がきわめて少なく、未だに定説はないのですが、どうやら徳川家臣団内部では、浜松の家康に近侍して[3]、対武田戦争に積極的だった層と、岡崎の信康に近く、武田との対決に消極的だった層があり、両者の間で意思の疎通が図られていなかったように思われます。そうした家臣団内部の動揺を受けて武田方への内通を図ったのが、政元ということになります。

そして、徳姫がそのことに気づいて信長に注進に及んだ。信康と築山殿が勝頼に内通しているという話は、こうした家中の情勢を背景にしたまぎれもない事実だったと思います。

家康の決断

その後の経過を、深溝松平《ふこうずまつだいら》家の松平家忠《まつだいらいえただ》が残した『家忠日記』をもとにたどってみましょう。浜松を発した家康は八月三日に岡崎城に入り、信康と対面して事情を聞きます。おそらく信康は、ことの真相を家康には語っていないでしょう。

そして二日後の八月五日、家康は西尾《にしお》城へ移って戦支度をし、信康は大浜城へ移されています。これはいったいどういうことなのか。行動の意味がつかみづらい。

これは小説家的な想像で証拠はありませんが、家康は、もし信康が信念に基づいて行動を起こすなら、いつでも相手になる。戦でそれを示せと信康に告げたのではないでしょうか。自分は西尾城に行く、お前は大浜城に行って戦の準備をしろ、と。

信康はすでにひとかどの武将であり、岡崎には直臣たちもいます。対武田戦争を継続するという自分の方針に従わないのなら、正々堂々と家臣を率いて戦で勝負しろと、信康とその背後にいる家臣たちに迫ったのではないか。このわしと一戦交える覚悟があるのかと威嚇《いかく》することで、逆に信康に賛同した家臣たちの戦意をくじこうとしたのではないか。そう思うのです。

頭に血が上った信康の家臣たちは、下手に説得すれば逆上して武力蜂起に及ぶかもしれない。しかし、歴戦のつわものである家康に「俺を倒してからやれ」と凄まれたら、家臣たちもふと我に返るでしょう。それがこの事件の狙いだったのではないでしょうか。

ところが、家康が浜松から岡崎に乗り込んできた段階で、もう信康に従う家臣はいなかった。すでに築山殿や信康の計略が失敗したことは明らかでした。そこで家康は、八月九日に信康を浜名湖の東岸に位置する堀江城に移します。そして翌十日には、三河の国衆を集めて「信康には味方しない」と約束する起請文を書かせ、乱を収めてしまいました。

築山殿の送った密書

武田方への内通については、築山殿が唐人医の西慶《さいけい》[4]という人物を通じて武田方に内通していたとされていますが、私はそれも事実だったのではないかと思っています。実際には、長篠の戦いの直前、つまり四年前の大賀弥四郎事件のときに、すでに築山殿は勝頼に密書を送っていたのではないか。三河一国を信康に安堵してくれるなら、武田方に寝返ってもいいという起請文を勝頼に送っていたのではないか。そんな気がするのです。

　それを信康が承知していたかどうかは、分かりません。しかし長篠の戦いに敗れた勝頼は、その起請文をネタに信康をゆすっていた可能性があります。これが信長に知られたらどうなるか。徳川家は破滅だぞ、と。このとき信康は、築山殿を断罪し、場合によっては切り捨ててでも、家康にことの次第を報告するべきだったと思います。

　しかし、今川家での二年に及ぶ人質時代を含め、ずっと苦楽をともにしてきた母親をなんとか助けたかった。信康の妻・徳姫には、それを許すことはできなかったのでしょう。ことの真相を明らかにするには、父の信長に訴え出るほかない。そして、事件が発覚したわけです。

　これも想像の域を出ませんが、武田家は信玄存命中から、将軍・足利義昭と通じて信長と対峙していました。築山殿は今川家の出身ですから、将軍家に親近感を持っていたはずです。そして、天皇に任命された征夷大将軍《せいいたいしょうぐん》[5]が武家政権を率いて全国統治をするという旧来の秩序に、正当性を感じていたはずです。

もしかすると、信康もそうした教育を受けていたかもしれない。すでに天正元年に将軍・義昭を京から追放した信長よりも、武田方にシンパシーを抱いていた可能性もあります。

築山事件の幕引き

家康は、信長の命を受けてやむなく妻と子を殺害したのか、それとも自発的に殺害を命じたのか。研究者によって意見が分かれています。いずれにしても、最終的な判断は家康本人が下したと私は思っています。

大賀弥四郎事件の段階で、すでに家中が分裂していたことも、家臣や築山殿が武田方に内通していたことも、すべて事実であるならば、その責任は主君である家康にあります。しかし弥四郎事件は、一部の者が謀反を企んでいたということで幕引きされました。

ところが、長篠の戦いを挟んで、あらためてその事実が浮上し、信長の知るところとなってしまった。家康としては、自らの決断ですべてを処断する必要があったのだと思います。八月二十九日、築山殿は遠江の佐鳴湖《さなる》に近い小藪村《こやぶ》で処刑され、信康は九月十五日に二俣城で切腹して果てました。

こうして、三十歳代の家康を苦しめた築山事件は、幕を下ろしたのです。

勝頼はなぜ家康に敗れたのか

信玄の死後、後継者となった勝頼は、織田・徳川連合軍との戦いを続け、長篠の戦いでの大敗のあとも、七年近くにわたって抵抗を続けました。かつては凡庸な二代目、偉大な名将・信玄の名を汚した愚将などと酷評された勝頼ですが、近年は見なおしが進んでいるようです。

しかし、なぜ勝頼は格下であったはずの家康に敗れたのか。一つは領国統治の失敗です。相次ぐ徳川家との戦いで必要とされる戦費を賄《まかな》うための、経済の立てなおしができなかったのです。当然、鉄砲隊の装備の充実もできませんでした。

そして、外交の失敗。天正七年（一五七九）に勝頼は北条家との同盟を破棄して上杉景勝《うえすぎかげかつ》と結びます。これに乗じて、家康は北条家と同盟します。勝頼が景勝と同盟したのは、おそらく弾薬の補給ルートを確保するためだったと思われます。

しかし、結果として北条家と徳川家によって東西から挟撃されるかたちとなった駿河を保持することができず、御一門衆で重臣の穴山梅雪《あなやまばいせつ》らの離反を招いてしまったのです。なぜ弾薬の補給が必要だったのか。それは海を持たない甲斐・信濃では、弾薬を入手しにくいという地政学的な弱点があったからです。

近年、富士御室浅間《ふじおむろせんげん》神社の古文書に、寺社の賽銭《さいせん》を鋳なおして鉄砲の弾にしたという記述が発見されました。第二章で触れたように、当時、鉛弾は貴重でした。しかし、経済の再建に失敗した勝頼は、鉛弾や硝石を入手する資金を賄えず、駿河を失ったことで入手ルートも喪失してしまったのです。

さらなる勝頼の失点は、信長と家康の同盟関係を分断することができなかったことです。信玄が信長包囲網の要として頼りにしていた将軍・足利義昭は、すでに京を追われて鞆《とも》の浦《うら》（広島県福山市）に身を寄せていました。これは次章であらためて触れますが、義昭はここで鞆幕府を開いて信長への対抗を継続していました。

勝頼もまた、信長と家康の間にくさびを打ち込むことを義昭に期待していたのですが、現実にはそれは実りませんでした。築山事件のような事件があっても、基本的には信長と家康の同盟関係に影響はなかったのです。逆に言えば、信長と家康が強固な結びつきを維持していたからこそ、武田家は追い詰められてしまったと言えるでしょう。

家康は、第一章で触れたように、のちには農本主義・地方分権国家を打ち立てます。しかし、この段階ではまだ、戦国の世を生きぬくために、信長が示したグローバリズムや重商主義・中央集権制を認め、その路線を踏襲することで南蛮貿易の利益を享受し、鉄砲や火薬などの戦略物資の調達をしていたのです。それが、家康と勝頼の大きな違いでした。

武田氏滅亡と家康

天正十年（一五八二）一月下旬に、信濃の国衆である木曾義昌《きそよしまさ》が、武田家に反旗を翻します。これを受けて二月二日、勝頼は義昌討伐のために一万余の兵を率いて諏訪上原《すわうえはら》まで出陣します。

信長は翌三日に、武田攻めの出陣を命じます。駿河方面からは徳川勢が、関東からは北条勢が出陣するよう命じられました。そして、信長の嫡男・織田信忠《おだのぶただ》を総大将とする織田軍本隊は、二月六日に信濃の伊那郡方面から進軍を開始し、岩村口と木曾口から武田領国に攻め込みました。

二月十六日、信州の浅間山《あさま》が噴火し、付近に甚大な被害をもたらしました。巻きあがった噴煙で日光が遮られ、凍え死ぬ者が出るほどでした。被害を受けた甲斐と信濃では、戦支度もままならない状況です。

家康は二月十八日に浜松城を発し、掛川城に入ります。そして、二十日には駿河西部の田中《たなか》城を包囲しますが、城主の依田信蕃《よだのぶしげ》が頑強に抵抗したため、家康は先に駿府城に向かいます。二十一日には駿府城に到着しましたが、すでに武田勢は逃げ去ったあとで、家康はもぬけの殻となった駿府城にやすやすと入城を果たします。

同じ二十一日には、北条氏政の弟・北条氏邦《ほうじょううじくに》が二万の兵を率いて武田領の西上野に攻め入ります。二十五日には武田方の穴山梅雪が家康に降伏し、江尻《えじり》城を明け渡します。三月四日に江尻城に入った家康は、そのまま富士川沿いを北上して、三月十一日に甲府に入りました。この日は、天目山《てんもくざん》に追い詰められた勝頼が、妻子とともに自害して武田家が滅亡した日となりました。

信長の「東国御一統」と家康の処遇

三月五日に安土城をあとにした信長は、三月十九日に信濃上諏訪の法華寺《ほっけ》に入ります。家康はすぐに法華寺に駆けつけて、信長に挨拶をしています。そして、この法華寺で、信長は論功行賞と旧武田領の知行割を行い、家康は褒美として駿河一国を与えられました。

家康は信長と中国地方の毛利家を除けば、全国でも屈指の大大名になったわけです。それは天下人としての信長に従う存在とはいえ、長年同盟関係を維持してきた家康にふさわしい待遇だったと言えるでしょう。

じつはこの法華寺で、信長は関東と奥羽《おうう》を含む東国の仕置きを自ら行い、現地の大名や国衆はこれに従わせるという方針を発表しています。これによって、越後の上杉景勝以外は、信長の命令に従わない勢力は事実上、東国には存在しない状況が生まれたことになります。こうした状況は、「東国御一統」と呼ばれています。

武田攻めを完了した信長は、帰国するにあたり、甲斐から駿河に下る富士遊覧の旅に出ます。新たに駿河、遠江、三河の三ヶ国を領することになった家康は、この富士遊覧の旅に同行しています。

信長と、その配下としての家康は、まさに絶頂期を迎えていたのです。

いまも残る勝頼の伝承

余談ですが、勝頼はじつは天目山では自害しておらず、四国の長宗我部《ちょうそかべ》氏を頼って土佐《とさ》（高知県）に落ち延びたという伝説があります。現在の高知県吾川《あがわ》郡仁淀川《によどがわ》町で、大崎玄蕃《おおさきげんば》と改名した勝頼が生き延びていたという話です。

地元の「武田勝頼土佐の会」というグループが、その伝承を伝えています。それが事実だとするならば、武田氏の一族には房総《ぼうそう》半島の武田氏（真里谷《まりやつ》氏）がいますので、それを頼って房総半島から太平洋へ抜け、はるばる土佐まで流れついたのかもしれません。

たしかな証拠があるわけではありませんが、武田氏を敬慕する方々が大事にしている伝承として、尊重するべきだと思います。

1 はりつけの刑に用いる柱。十字架。
2 鋸で首を切る戦国時代の極刑。
3 側仕え。
4 唐人は唐国の人から転じて中国人、さらには広く異国人を指す。中国人の医師。
5 鎌倉幕府以降は武家政権の首長の地位を指す。源平争乱時に源（木曾）義仲によって称号が復活、建《けん》久《きゅう》三年（一一九二）に源頼朝が朝廷から任命され、江戸時代まで歴代の首長に継承された。慶応《けいおう》三年（一八六七）の王政復古《おうせいふっこ》により廃止。略して「将軍」とも言う。

第八章

信長包囲網と秀吉・光秀・家康

第一次信長包囲網の幕を開けた近衛前久

ここまで、何度か「信長包囲網」について触れてきました。織田信長と敵対する勢力が、将軍・足利義昭を中心に手を組んだネットワークです。

しかし、この信長包囲網には第一次と第二次がありました。第一次は関白・近衛前久が中心となって、武田・朝倉・上杉らと同盟を結んだ段階です。時期的には、元亀元年（一五七〇）から天正元年（一五七三）の三年間ととらえられています。

きっかけとなったのは、元亀元年八月十日に前久が薩摩の島津貴久《しまづたかひさ》に送った書状です。もともと島津家は近衛家と関係が深く、この書状は『大日本古文書《だいにほんこもんじょ》』の「家わけ文書」に収録されている「島津家文書」のなかに入っています。ここには次のように書かれています。

「しかれば江州南北《ごうしゅうなんぼく》、越州《えっしゅう》、四国衆《しこくしゅう》ことごとく一味《いちみ》せしめ候《そうろう》て、近日拙身《きんじつせっしん》も出張《しゅっちょう》せしめ候。すなわち本意《ほんい》を遂《と》ぐべく候」

つまり、江州（近江）南北の浅井と六角《ろっかく》、越州（越後・越中《えっちゅう》・越前）の朝倉、四国の三好《みよし》三人衆を味方にして、近日、自分も出陣して本意を遂げるつもりである、ということです。本意を遂げるとは、信長を討つということにほかなりません。

このころ前久は、第十三代将軍の足利義輝《あしかがよしてる》を殺害した三好三人衆をかくまったために朝廷から追放されていました。前久を追放したのは、信長の後押しで第十五代将軍となった義昭と前関白の二条晴良《にじょうはれよし》です。この二人を排除するためには信長を打倒する必要があります。

前久は政治力を駆使して、浅井・朝倉・三好三人衆に本願寺と一向一揆を加え、信長に対抗しようと働きかけます。島津に宛てた書状は、その計画を披露する内容だったのです。

信長包囲網、作動開始

そして、その後の経過は前久の予告した通りに推移します。元亀元年九月十二日には紀州一向一揆と本願寺が、十一月二十一日には伊勢長島の一向一揆が、それぞれ反信長の行動を起こします。

こうなると、浅井・朝倉との抗争を抱えていた信長は、南北に敵を抱えることになり、身動きが取れなくなる。そして、ついに十二月十四日には正親町《おおぎまち》天皇に和睦の勅命を出してもらい、義昭の立ち会いのもとで浅井・朝倉と和睦します。

この天皇に和睦の勅命を出してもらうという点が重要です。けっして武家同士で解決したのではなく、天皇を担ぎ出した。しかも、さらに権威づけるために将軍・義昭まで立ち会わせた。こうなると、浅井・朝倉も、信長がよもや和睦の約束を破ったりはしないだろうと思うはずです。

しかし、その翌年の元亀二年九月十二日、信長は驚くべきことに浅井・朝倉方に味方していた比叡山《ひえいざん》を焼き討ちします。これは、和睦の趣旨を踏みにじる行為で、正親町天皇も義昭も面目を潰されたことになるわけです。

現在、発掘調査などをもとに、比叡山の焼き討ちは実際には全山を焼き払うような大規模な破壊行為ではなく、山麓の坂本《さかもと》が焼かれたくらいではないかとする研究もあるようですが、古代以来、京都や朝廷の守護として尊崇を集め、学問や文化の集積地でもあった聖地・比叡山に火を放つという行為自体、当時の人々には大きなショックを与えたはずです。

やはり信長の比叡山焼き討ちは、朝廷や幕府、そして民衆にも大きなインパクトを与えた出来事だったのです。

義昭と信長の不和

このころ、前久はわざわざ越前まで足を運び、朝倉義景の娘と本願寺法主・顕如《けんにょ》の息子・教如《きょうにょ》との縁組みを斡旋します。そして元亀三年四月十六日には、三好本家の当主である三好義継《みよしよしつぐ》と、三好家の家臣から戦国大名化した松永久秀《まつながひさひで》が、反信長の兵を挙げます。前久が構築した第一次信長包囲網が、次々に作動していくわけです。

これに対して、信長は同年九月に義昭に対して「異見十七ヶ条《いけんじゅうななじょう》」（十七ヶ条の意見書）を突きつけます。義昭の政治姿勢を批判し、かつて家臣に殺された第六代将軍・足利義教《あしかがよしのり》や第十三代将軍・足利義輝の名を挙げて、義昭に脅しをかける内容だとも言われています。ここにいたるまで、信長と義昭は互いに齟齬《そご》があるとはいえ、本格的な対立にはいたっていなかったので、この意見書によって抜き差しならない対立にいたったと考えられます。

そして同年の十一月十四日に武田信玄が遠江に出陣し、十二月二十二日には三方ヶ原の戦いで徳川家康を撃破します。おそらく義昭は、これなら信長に勝てると、この段階で確信したのではないでしょうか。

義昭の挙兵

年があらたまって天正元年（一五七三）二月、義昭は信長が将軍の御所として作ってくれた二条御所で、反信長の兵を挙げます。ここにおいて、義昭も本格的に信長包囲網に足を踏み入れたことになります。

信長は上洛して、三月二十九日に二条御所を包囲します。そして、四月三日から四日にかけて、京都の上京《かみぎょう》に火を放ちます。これは通常、降伏しない義昭を脅すためだったとされています。しかし私は、信長は正親町天皇を脅すために放火したのではないかと思っています。

信長としては、将軍を攻め滅ぼしたくはなかった。かつて将軍・義輝を殺害した三好三人衆らは「悪逆非道」のそしりを受けました。その轍《てつ》を踏みたくはなかったのでしょう。信長は正親町天皇に和議の勅命を出してもらおうとします。天皇の勅命ならば、義昭も応じざるを得ない。もし勅命に従わなければ、そのときこそ義昭を討つ大義名分も立つわけです。

ところが天皇からすれば、先に浅井・朝倉と和睦した際に、信長に約束を反故《ほご》にされているので、もう一度和議の勅命を出すとなると恥の上塗りもいいところです。正親町天皇は、なかなか応じなかった。そこで信長は、上京に放火して天皇に脅しをかけたのだと思います。驚いた天皇は、四月五日にあわてて和議の勅命を出しています。

二条御所の義昭は、もう少し持ちこたえれば、三方ヶ原で勝利した信玄が三河を攻め取って尾張を脅かしてくれる。そうなれば信長も岐阜に戻らざるを得ない。そう思っていたのだと思います。しかし、天皇の勅命を拒否すれば、信長に討ち滅ぼされてしまう。義昭は和議に応じざるを得なかったのです。

そして、義昭が頼みとする信玄は、四月十二日に病死しました。もし信玄が病に倒れていなければ、信長は京を離れざるを得なかったでしょうし、義昭のもとに信長包囲網の面々が駆けつけ、信長は倒されていたかもしれないのです。これはもう、歴史の皮肉と言うか、妙味としか言いようがありません。

信長が作った大型船の背景

こうした状況にあって、信長は元亀四年(一五七三)五月二十二日に、琵琶湖畔の佐和山《さわやま》城下で、大型船の建造を行っています。これはおそらく、ヨーロッパの造船技術によって作ったものだと思われます。和船の技術では、そこまで大きな船は作れないからです。この大型船はわずか一ヶ月ほどで完成していますが、それも和船の技術では不可能です。

洋式船は船底の中央に背骨のように設置した竜骨《りゅうこつ》(キール)に、左右の立て板を組み合わせる構造になっています。したがって、あらかじめ板材のパーツを作って乾燥させておき、それを佐和山城下に運び込めば、一ヶ月での造船も可能となるのです。

信長がヨーロッパの造船技術で大船を作った。この事実から、信長はイエズス会あるいはポルトガルの支援を受けて、日本の保守勢力と真っ向から対立していた構図が見えてきます。この大型船は、琵琶湖を一直線にわたり、高速で京に駆けつけるために作られたものです。信長はヨーロッパと手を結び、その技術を使って、信長包囲網という保守勢力と戦っていたわけです。その象徴が、この大型船だったと言えると思います。

第一次信長包囲網の崩壊

そして天正元年七月五日。一度は信長に降伏した義昭が、再び槇島城で反信長の兵を挙げます。すでに触れたように、信長包囲網の重要な一画を占める信玄は四月に亡くなっています。しかし、義昭はそれを知らなかったのではないでしょうか。信玄が三河攻めの途中で軍を引き、甲斐に帰国したことは知っていたかもしれませんが、信長包囲網の最大の実力者である信玄がすでにこの世にいないと知っていたら、このような無謀な挙兵はしなかったと思います。もしかすると、信玄に再度、三河に攻め入るよう催促する意味で、挙兵したのかもしれません。

義昭は信長勢にたちまち包囲され、十八日には嫡男の足利《あしかが》義尋《ぎじん》を人質として差しだして降伏し、各地を転々とすることになります。その十日後の二十八日に元亀から天正への改元がなされ、八月二十日には織田勢によって本拠の一乗谷《いちじょうだに》を追われた朝倉義景が自刃します。九月一日には、小谷《おだに》城が落城し、浅井長政も自刃して果てました。さらに十一月二十六日にいたり、流浪の身となった義昭をかくまった三好義継が織田勢に攻められ、若江《わかえ》城で自刃しています。

こうして第一次信長包囲網は事実上、崩壊するにいたりました。

足利家と鞆の浦

信長に京を追放された義昭は、毛利《もうり》輝元《てるもと》を頼り、毛利の勢力下にあった備後《びんご》（広島県東部）鞆の浦に移りました（8–1）。明確な証拠はないのですが、天正四年（一五七六）三月だと推定されています。

なぜ鞆の浦だったのか。それは鞆の浦が瀬戸内海海運の中心地で、室町幕府ゆかりの地だったからです。瀬戸内海の海流は、満潮時に西の豊後《ぶんご》水道《すいどう》や東の紀伊《きい》水道《すいどう》から瀬戸内海に流れ込み、瀬戸内海のほぼ中央に位置する鞆の浦の沖でぶつかります。

逆に干潮時には海流が鞆の浦沖を境にして東西に分かれて流れだしてゆく。つまり鞆の浦を境にして潮の流れが出会いと分かれを繰り返すわけです。そのため、鞆の浦の干満の差は四メートルもあります。

瀬戸内海を大坂から九州に向かうときは、上げ潮のときに船を出し、頂点である鞆の浦に着くのでそこで港に船を入れ、引き潮になるのを待って九州に向けて出港するという航法を取りました。九州から大坂に向かう場合も同様です。つまり、瀬戸内海を航海する船は、必ず鞆の浦あたりで船を港に着けなければならないわけです。鞆の浦の港としての重要性がお分かりいただけるでしょう。

その鞆の浦に義昭が本拠を置いたということは、瀬戸内海の航路と西日本の流通を義昭が支配したことを意味しています。義昭は京を追われたとはいえ、征夷大将軍の位を剝奪されたわけではなく、制度的に言えばまだ将軍だったのですから、鞆の浦に御所を置いたということは、鞆幕府を開いたということなのです。実際、輝元を副将軍とし、付き従う武士たちを幕府奉公衆に任じています。

そもそもこの鞆の浦は、南北朝時代に幕府の初代将軍となる足利尊氏が、いった

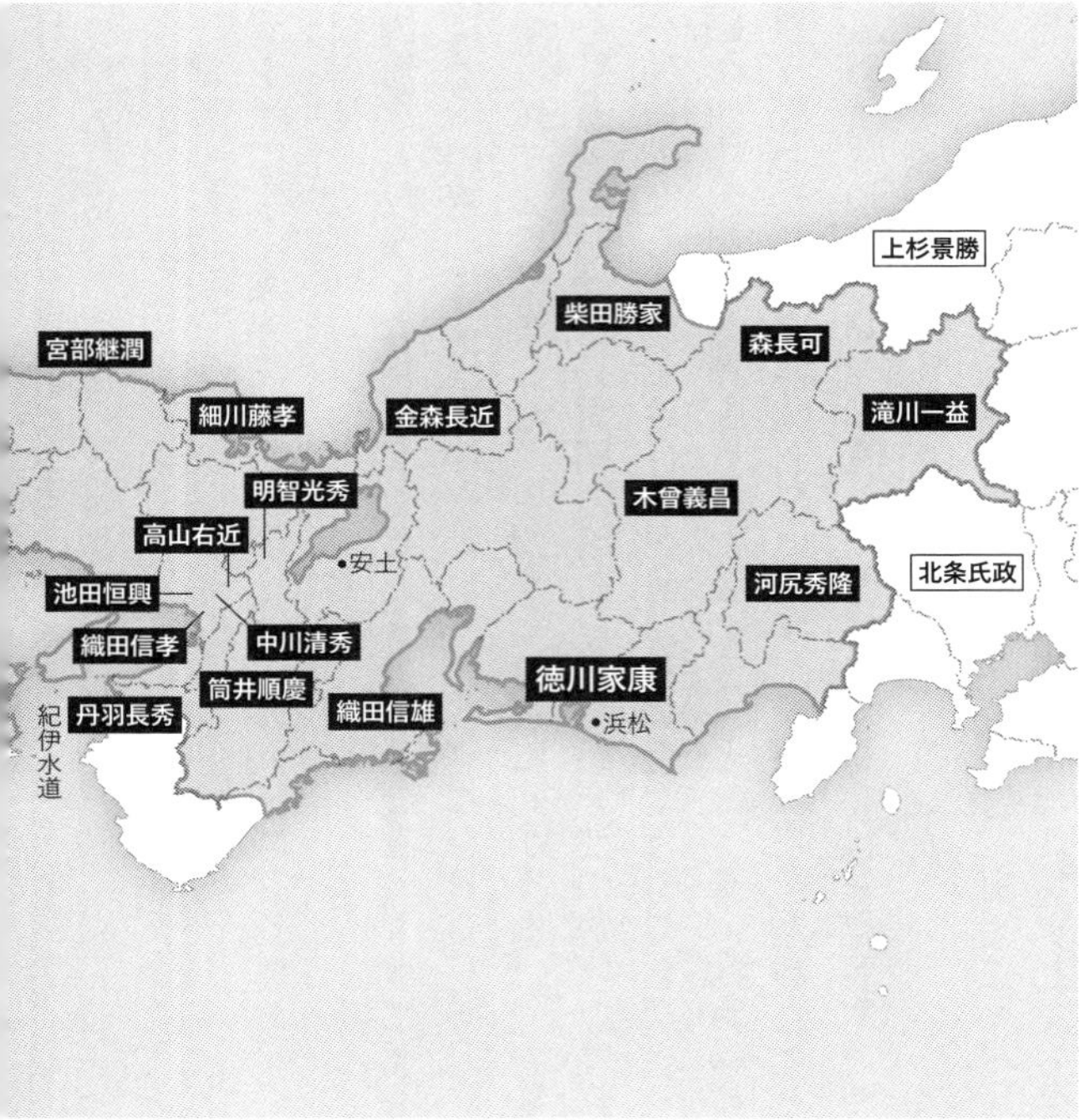
上杉景勝
柴田勝家
森長可
宮部継潤
細川藤孝
金森長近
滝川一益
明智光秀
木曾義昌
高山右近
安土
北条氏政
池田恒興
河尻秀隆
織田信孝
中川清秀
徳川家康
筒井順慶
紀伊水道
丹羽長秀
織田信雄
浜松

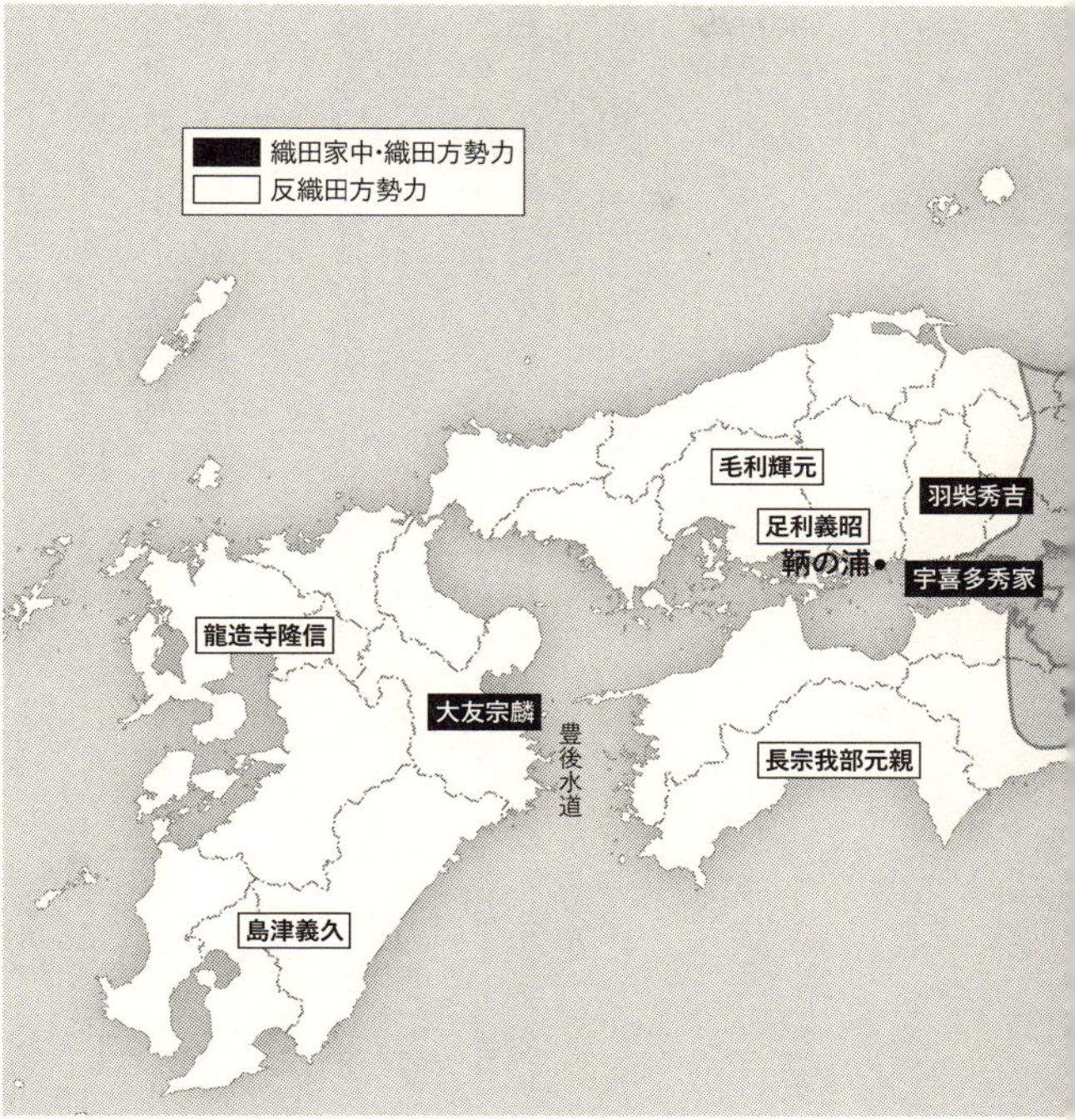

8-1　本能寺の変当時の織田勢力と鞆の浦

ん九州に逃れ、再び京を目指して西上するとき、この地で光厳《こうごん》上皇から新田義貞追討の院宣《いんぜん》[1]を賜り、室町幕府を開くきっかけになったとされています。つまり、この地は尊氏による幕府創建の地でもあるわけです。

そこに義昭が動座[2]して鞆幕府を開いたとなれば、室町幕府体制を支持する人からすれば、じつに心強く見えたことでしょう。そして、鞆幕府を開いた義昭は、再び信長に敵対する各地の勢力と連絡を取り合い、反信長のネットワークを再興します。

これが第二次信長包囲網で、時期的には、義昭が鞆の浦に移った天正四年（一五七六）から本能寺の変（天正十年）までに該当すると思われます。

「鞆幕府」対「安土政権」

従来、義昭は天正元年に京を追放されて幕府は事実上滅亡したとか、鞆幕府と言っても実態はなく、名目だけの存在だったと言われてきました。しかし、こうした認識は、三重大学教授の藤田達生さんの研究によって、大きく塗り替えられたと、私は思っています。

実際、鞆幕府は、安土城に本拠を置いた信長の政権＝安土政権と、あらゆる面でほぼ拮抗しました。経済の面でも、支持する大名の実力においても互角に近い。まず毛利家が鞆幕府を支持し、次に長宗我部家が、そして島津家もおそらく鞆幕府を支持していたと思われます。しかも信長にとっては、海外との貿易ルートを鞆幕府によって断たれるという脅威もあったでしょう。

信長の安土政権はいわば革命政権で、鞆幕府は旧来の秩序や組織を大事にする保守政権です。その両者の力が拮抗していた。しかも「大義名分」という意味では、当時の武士にとってはどちらかと言えば鞆幕府に理があったわけです。全国の武士は、どちらにつくかという二者択一を迫られた。そのような状況で、実際に両者の間で起きた戦争や裏切りの数々を、藤田達生さんの研究を参考にして別表にまとめておりますので、ご参照ください（8-2）。

この表にある、松永久秀の離反も、別所長治《べっしょながはる》の離反も、そして荒木村重《あらきむらしげ》の離反も、すべて鞆幕府の奉公衆など義昭家臣の調略によるものなのです。

8-2　天正年間の信長の主な戦争（義昭の亡命以降、○は閏月）

年	月	対戦相手	戦争理由	備考
1	7	宇治槇島城攻撃	「公儀逆心」	足利義昭を三好義継のもとに送る
	8	朝倉義景敗死	信長包囲網形成	
	9	浅井長政敗死	信長包囲網形成	
	11	三好義継敗死	義昭をかくまう	畿内の反信長勢力一掃
2	9	伊勢長島一向一揆平定	信長包囲網形成	環伊勢湾地域から反信長勢力一掃
3	5	長篠の戦いで武田勝頼に勝利	信長包囲網形成	
	8	越前一向一揆平定	信長包囲網形成	
	10	丹波黒井城主・赤井忠家の離反	信長包囲網形成	
4	1	丹波八上城主・波多野秀治の離反	信長包囲網形成	
	3	足利義昭、能野から鞆の浦に下向	信長包囲網形成	鞆幕府成立
	4	大坂本願寺攻撃	信長包囲網形成	同年5月3日、原田（塙）直政討死に
	7	木津川口の戦いで毛利水軍に敗北	信長包囲網形成	

5	3	紀州雑賀一向一揆攻撃	信長包囲網形成	事実上、失敗
	9	加賀手取川の戦いで敗北	信長包囲網形成	
	10	松永久秀の離反・自刃	義昭推戴	久秀、大坂本願寺・上杉謙信と連携
6	2	播磨三木城主・別所長治の離反	義昭推戴	
	10	摂津有岡城主・荒木村重の離反	義昭推戴	村重、大坂本願寺・毛利輝元と連携
	11	木津川口の戦いで毛利水軍に勝利	信長包囲網形成	
7	6	波多野秀治の降伏	信長包囲網形成	
	8	赤井忠家逃亡	信長包囲網形成	同年10月、明智光秀が丹波・丹後平定
8	1	別所長治敗死	信長包囲網形成	同年5月、羽柴秀吉が播磨平定
	③	勅命講和により大坂本願寺と和睦	信長包囲網形成	信長政権の優位確定
	11	加賀一向一揆平定	信長包囲網形成	
9	9	伊賀惣国一揆平定	信長包囲網形成	北畠信雄が総大将
	10	因幡鳥取城落城、吉川経家自刃	信長包囲網形成	羽柴秀吉が因幡平定
10	1	紀州雑賀一向一揆平定	信長包囲網形成	鈴木重秀に雑賀支配を任す
	3	武田勝頼敗死	信長包囲網形成	関東まで勢力が及ぶ
	6	明智光秀の謀反(本能寺の変)	義昭推戴	信長・信忠自刃

信長は何に敗れたのか

この表を見れば一目瞭然ですが、安土の信長と鞆の浦の義昭は、天正元年から天正十年までの間に、ほぼ互角の戦いをしています。それは、足利将軍家の室町幕府体制、すなわち守護領国制の継続を望んでいる勢力が思いのほか多かったからでしょう。「天皇―将軍―大名―家臣」というヒエラルキー[3]が、当時の武士にとってはまだ居心地がよかったのかもしれません。

信長が築こうとしている国家、すなわち重商主義・中央集権国家への反発もあったのだと思います。比叡山や上京を焼き討ちし、一向一揆を皆殺しにするといった、革命家・信長の激しい行動に対する恐怖や警戒心もあったのではないでしょうか。

そして、この表の最後は、明智《あけち》光秀《みつひで》の謀反、すなわち本能寺の変で終わっています。先走った結論を申すならば、信長が幕府・朝廷側についた光秀に殺害されたことによって、安土政権は鞆幕府に敗れたということになるのです。

私たちは、信長の死後、秀吉が政権を握り、家康が幕府を開くという歴史の「結果」を知っています。しかし、信長の同時代を生きる人々には未来のことは分かりません。鞆幕府の義昭が信長を倒し、室町幕府体制を復活させるのではないかと考える人も、少なくなかったのだと、私は思います。

第一章で触れたように、家康は重商主義・中央集権国家を否定して、農本主義・地方分権国家としての幕藩体制を築くことになりますが、信長存命中には、そうした予兆は見えません。むしろ戦国時代を生きぬくために、信長の進める革命路線に必死に従い、南蛮貿易による経済・軍事両面での国力充実を図っていたのだと思います。

信長が目指した革命とは

では、信長が目指した革命とはどのようなものだったのか。ここで振りかえってみたいと思います。

その基本は、古代の律令制的な風土を受け継いだ地方分権体制をあらため、スペインやポルトガルの外圧に対抗するために中央集権体制で一元的に管理し、兵力を充実させなければならないという考え方だったと思います。それはおそらく、スペインやポルトガルの統治方法、具体的には絶対王政に学ぶところがあったのでしょう。

でも、信長にはもう一つのモデルがありました。それは中国の秦《しん》国の始《し》皇帝《こうてい》です。始皇帝は中央集権体制的な国家を作りあげ、度量衡《どりょうこう》[4]の統一をはじめ、中華の全土を一元的に支配しようとした皇帝です。信長は「安土城は明堂《めいどう》である」と語っています。明堂とは中国皇帝の住む三層の宮殿のことです。

そのうえ、安土城天主の障壁画には三皇五帝の図が描かれています。これは古代中国の伝説的な統治者の図です。この障壁画は最上階から二番目の階に描かれていて、その上の最上階は信長を象徴しているので、信長は三皇五帝の上に立つ真の皇帝を目指すということを暗示しているわけです。

こうしたことを考えると、信長が目指した中央集権体制国家のひな型は、中国の皇帝、とくに始皇帝だったのではないかと想像することができます。

その信長が具体的な施策として行ったのが「城割り」です。これはのちに秀吉が「刀狩り」として引き継いだのですが、要するに各大名に対して、本城は残して他の城は破却せよという武装解除命令です。そのうえで、信長は検地を実行、最終的には城下への集住、つまり、家臣たちを本拠地から分離させて、城下に住まわせるという方向に進みます。これは端的に言えば兵農分離《へいのうぶんり》政策だと思います。

近年、信長・秀吉の時代には兵農分離は意図的な政策ではなかったという議論も出てきています。しかし信長が武装解除をさせたり、弓衆（弓で戦う部隊）と馬廻衆といった限定的なかたちながら、家臣を城下に住まわせたのは事実でしょう。

また、安土城下に住まわせようとしたが、これに逆らって移住しなかった家臣がいたので、その実家を焼き払ったなどという逸話も残っています。私は、完全とは言えないけれど、信長は兵農分離を志向して、その先鞭《せんべん》をつけたと見るべきだと思います。

武士はもともと開発領主だったので、「一所懸命」、すなわち自分の土地に固執してその土地を命がけで守ろうとする存在です。だから信長の家臣でさえ、土地を離れることには抵抗が大きかったのでしょう。

信長と預治思想

信長の革命思想のもう一つ重要なポイントは「預治《よち》思想」だったのではないかと、私は考えています。これは、天皇から統治の権限を与えられた将軍が、大名や家臣たちに統治の権限を分け与えていくという考え方です。幕末の日本で、弱体化してきた江戸幕府が自らの統治の正統性を再確認するために編みだした「大政委任《たいせいいにん》論」[5]にも通じる考え方です。

信長はこの預治思想を推しすすめて、官僚的なヒエラルキーを作り、すべての土地は天皇のものであって、私有地は存在しないという状況を作ろうとしたのではないか。これは古代の律令制に通じる考え方ですが、ヨーロッパの君主制を東洋風に焼きなおしたものかもしれないと、私は思っています。ヨーロッパの絶対君主制は、国王が神から統治権を与えられているという発想で統治機構が作られています。それを日本風に焼きなおしたのが、信長の預治思想であったようにも思えます。

こうした信長の思想は、当時の武士たちからすれば、まさに革命的であったと思います。革命というのは、同時代を生きる人間にとって必ずしも歓迎すべきものではありません。むしろ甚だしく迷惑であったりもします。先祖伝来の土地を大事にしてきた武士である信長の家臣たちは、大きな反発を感じたでしょうし、信長の家臣ではない武士たちには、信長が何を目指しているのか理解すらできなかったかもしれません。

光秀と信長

その信長は、先ほど触れたように、義昭の鞆幕府についた光秀によって討たれます。光秀という人物は、じつは生年が明らかではありません。いくつか説がありますが、有力視されている没年五十五が正しいとすると、信長より五歳上ということになります。

美濃土岐《みのとき》氏の出身で、もとは幕府の奉公衆だったと言われます。細川藤孝《ほそかわふじたか》らとの縁が深かったとされ、流浪の果てに越前一乗谷に身を置いているとき、朝倉氏を頼ってきた義昭と出会ったようです。

その後、永禄十一年（一五六八）七月、美濃の立政《りゅうしょう》寺での義昭と信長の対面を実現。義昭は信長の後押しで将軍に就任します。光秀は義昭に仕えながら、同時に信長の指揮下にも入ったようで、その後、天正元年（一五七三）に義昭が反信長の兵を挙げた際に、義昭から離反して藤孝とともに信長の家臣となったようです。

その後、丹波《たんば》攻めや中国攻めなど、信長の「天下布武《てんかふぶ》」事業の重要なパートを任されて織田家中で事実上のナンバーツーの地位になりましたが、天正十年六月二日、信長を本能寺に襲撃して討ち果たしました。

したがって、信長に仕えた期間は永禄十一年から数えてもわずか十四年ということになります。

秀吉が信長に仕えた時代

最終的に光秀は秀吉に山崎《やまざき》の戦いで敗れ、命を落とします。秀吉は、そのまま信長の事実上の後継者として、豊臣政権を築くことになります。

その秀吉は、天文二十三年（一五五四）、十八歳のころに信長に仕えたとされています。永禄四年（一五六一）にねねと結婚。足軽大将《あしがるたいしょう》を皮切りに、信長の勢力が拡大するにつれて出世を果たし、信長配下の武将としてもっとも早く「城持ち」の武将となったようです。

元亀三年（一五七二）に羽柴《はしば》姓に改姓します。光秀と同様、「天下布武」の戦いで中国地方の攻略を担当。天正八年（一五八〇）に播磨《はりま》三木《みき》城を落とすなど、目覚ましい活躍を見せます。本能寺の変の際は、毛利方の備中高松《びっちゅうたかまつ》城を水攻めにしている最中に報せを受けます。このとき秀吉は四十六歳でした。

秀吉はただちに京に向かい、六月十三日の山崎の戦いで光秀を撃破。信長の死後の仕置きを決める清須会議で織田家の家督を継いだ三法師《さんぼうし》の後見として信長の後継者を目指し、織田家宿老の柴田勝家《しばたかついえ》らを破り天正十三年（一五八五）には、四十九歳にして関白内大臣《かんぱくないだいじん》となります。さらに翌年には天皇から豊臣姓を賜り、太政大臣《だじょうだいじん》に就任して、とうとう位人臣《くらいじんしん》を極めました。

秀吉は、二十八年にわたり信長に仕えたことになります。

秀吉から見た信長

この二人を比較してみると、信長に仕えた年数で言えば秀吉が光秀の倍であることが目につきます。また、光秀が信長に会ったのはもう四十歳代。秀吉は多感な青年期から信長に仕えてきましたので、信長との親密さの度合いがまるで違ったのではないでしょうか。

おそらく秀吉は、信長のことを尊敬し、憧れ、本当に忠誠心を抱いていたでしょう。光秀は、もっと客観的に信長を見ていたでしょうし、将軍・義昭に仕えていたという自負もあったかもしれません。

信長が、秀吉の正室・ねねに宛てた手紙が残っています。秀吉の浮気を気に病むねねに対し、じつに懇切な気遣いを見せ、ハゲネズミ＝秀吉の妻はお前にしか務まらないと語りかけています。そこからうかがえるのは、家族的な親密さと、同志的な結びつきです。光秀については、その能力を愛してどんどん取り立てましたが、秀吉相手のような親密さはあまり感じ取れません。

政治姿勢の観点から見ると、光秀は旧来の支配システム、すなわち室町幕府の守護領国制的な支配を是としていたと思います。だからこそ、義昭との結びつきが続いたわけです。しかし現実の光秀は信長に追放された義昭と手を切り、信長の家臣として重用されるようになります。そのジレンマが頂点に達したとき、義昭の作った第二次信長包囲網に加わり、信長を討つという大きな決断をすることになったのではないでしょうか。

これに対し、秀吉はあくまでも信長の政治路線を踏襲します。詳しくは第十章で触れることになりますが、ある年齢に達し、武将としてのキャリアを積むと、秀吉も信長を客観的に見ることができるようになり、何人もの家臣に裏切られた信長の轍は踏まないようにしようという意識はあったでしょう。しかし、政治路線的には、やはり信長が踏みだした重商主義・中央集権的な政治への道を歩み、絢爛豪華な桃山文化を現出させました。

家康と光秀・秀吉

一方、こうした光秀や秀吉を、家康はどう見ていたか。直接それを語る記録はなかなか見当たりませんし、そもそも織田家中と徳川家は別物ですから、それほど接点はなかったでしょう。家康は信長に対して素直に敬服し、従っていたでしょうが、光秀や秀吉は格下と見なしていたのではないかと思います。

そもそも家康は、生まれながらの国衆です。今川家の配下にあったとは言え、家臣ではなく独立した存在です。それが戦国大名化し、信長の同盟相手となった。この同盟関係も、信長が上洛を果たして公権力としてふるまうようになると、主君と家臣の関係に近づいていったという見解もあります。しかし、一方で家康は嫡男・松平信康の妻に信長の娘・徳姫を迎えることで、信長の親戚としても扱われるようになります。

秀吉や光秀は、仕えた時期や長さは違いますが、あくまでも新参の家臣です。信長の同盟相手にして一門扱いの家康とは、立場がまるで違います。また、本能寺の変の段階で、家康は三河・遠江・駿河の三ヶ国を領する大大名です。あらゆる点で、光秀や秀吉を凌駕しています。もし本能寺の変が起きなければ、光秀や秀吉が家康より上の立場になるという事態は起きなかったでしょう。

1　上皇や法皇の命令を受けて側近が記した文書。
2　貴人がその席を移すこと。
3　組織の上下関係を定めたピラミッド型の秩序。
4　長さや面積、体積・質量などの単位や、それらをはかる計量器。また、それらを定めた制度。
5　将軍は天皇から国政を委任されて国を統治しているとする政治理論。江戸幕府がその支配を正当化するために展開した。
6　主君に仕える者としての地位。

第九章

本能寺の変の真相と波紋

絞られてきた本能寺の変の「問題」

さて、いよいよ本能寺の変について触れなければなりません。

この日本でもっとも有名な暗殺事件については、江戸時代から今日まで、学者、作家などさまざまな論者が意見を戦わせてきました。昔に比べますと、史料もずいぶん見つかり、研究環境が整ってきたと思います。

しかし、それでもまだ誰もが納得する結論は出ていないのではないでしょうか。非常に大ざっぱにとらえるならば、本能寺の変の実行犯が明智光秀であることを疑う論者はもうほとんどいないでしょう。そして、軍記物などの記述をもとに、光秀が織田信長に折檻《せっかん》1を受けた恨みをはらすために殺害したという単純な怨恨説を唱える人も、もはや存在しないのではないでしょうか。

問題は、光秀が単独で信長襲撃を実行したかどうか。協力者あるいは光秀にそれを命じた人間がいたかどうか。そして、光秀はなぜ謀反に及んだのか。動機はなんだったのか。そのあたりに絞られていると思います。

私は、本能寺の変に関するさまざまな研究に学んできました。その結果を踏まえ、本能寺の変のもっとも妥当な解釈について、ここにまとめたいと思います。

本能寺の変の裏にあった「二つの対立」

本能寺の変をめぐっては、「二つの対立」が存在しました。一つは信長と朝廷の対立です。近年、信長と朝廷はそもそも対立などしていなかったという説も多く見かけます。しかし、本能寺の変の直後、朝廷や公家は光秀に接近し、そのご機嫌を取るような行動に出ます。そしてその光秀が秀吉に討たれると、光秀に接近した記録を抹消しようとしたり、すかさず秀吉に鞍替えしたりしています。

つまり、彼らはそういう存在なのであって、彼らの証言や記録を鵜呑みにして、信長との間に対立がなかったと結論づけてしまうのは、それこそ「思い込み」による見誤りである可能性が高いのではないでしょうか。

信長と朝廷の対立

信長と朝廷の対立をうかがわせるファクターは三つあります。一つは、信長が誠《さね》仁《ひと》親王の子である五《ご》の宮《みや》を猶子《ゆうし》[2]とし、自らが太上天皇（上皇）になろうとしたこと。誠仁親王は正親町天皇の皇子で皇太子となっておりましたが、五の宮は実際に信長の猶子となり、のちに興意《こうい》法《ほっ》親王と呼ばれるようになります。

太上天皇というのは、「院」すなわち「治《ち》天《てん》の君」[3]であり、当時はまだ制度としての院政は続いていましたので、天皇家の家長ということになります。その立場に信長がなるということは、新しい国家を築くためだったのではないでしょうか。

次に、安土城に京都御所の清涼殿《せいりょうでん》[4]と同じ建物を作り、天皇を移そうとしたこと。これは安土城の発掘調査によって明らかになったのですが、清涼殿と同じ柱穴が、同じ間隔で見つかったのです。天皇を安土城にお迎えするための建物だったという見解もありますが、信長は安土を新たな都、つまり自分が構築する新国家の都にしようと考えていたふしがあります。となると、単に天皇にお運びいただくだけでなく、事実上の遷都を考えていたのかもしれません。

最後は、信長が朝廷の暦問題に介入し、三島暦《みしまごよみ》[5]を使うべきだと主張したことです。これは現在では意味がよく分からないかもしれませんが、暦を作る、選ぶということは、時間を支配することにつながりますので、天皇の専任事項だったのです。信長がそれに介入したということは、朝廷にとってはゆゆしき事態なのです。

こうした信長の行動に対し、朝廷では信長に対する怒りと警戒心が高まります。そこで近衛前久は、誠仁親王を味方にして信長を京におびきだし、朝廷に心を寄せる光秀に討たせるという計略を立てました。これには、信長包囲網で信長との抗争を続けていた足利義昭が協力します。もしかすると、むしろこの動きを主導したのは義昭だったかもしれません。義昭は光秀が信長を倒したのち、鞆の浦から上洛を果たし、室町幕府を再興しようと企てていました。

信長とイエズス会の決別

もう一つの対立は、信長とイエズス会、あるいはスペインとの対立です。

一五八〇年一月、スペインはポルトガルを併合し、その領土は世界を覆うかのように広がり、「太陽の沈まぬ国」と呼ばれるようになります。そして、ポルトガルが持っていた日本に対する権益をも引き継ごうと考えたスペインは、イエズス会の宣教師アレッサンドロ・ヴァリニャーノに日本との交渉を任せます。

イエズス会の東アジア巡察使として天正七年（一五七九）に来日したヴァリニャーノは、天正九年二月に信長の馬揃《うまぞろ》えに参列したと記録にあります。この馬揃えは、信長が自らの軍事力を武士や京の人々、そして朝廷に見せつけるためのデモンストレーションだったと言われています。ヴァリニャーノを招待したのも、イエズス会、そしてその背後にいるスペインに、自分の、そして安土政権の軍事力を誇示する目的があったのでしょう。

その後、ヴァリニャーノは安土に向かい、信長となんらかの交渉をしています。しかし、交渉は決裂したようで、ヴァリニャーノは七月十五日に安土を離れています。なぜ決裂したと分かるかというと、その直後、信長が摠見寺《そうけん》に自らを神として祀《まつ》り、家臣らにこれを拝するよう命じたからです。これは明らかにキリスト教の否定であり、信長はイエズス会と決別することを明確にしたわけです。

キリシタンに心を寄せる者は、絶対に信長の像を拝むことはできません。つまり、これはキリシタンに対する踏み絵だったのです。ヴァリニャーノとの交渉が決裂したからこそ、キリスト教やイエズス会を否定するような行動に出たわけです。

イエズス会宣教師で、歴史書『日本史』など、日本について多くの記録を残したルイス・フロイスは、この信長の行動を猛烈に批判しています。

イエズス会ヴァリニャーノの手紙

では、ヴァリニャーノと信長は、何について交渉したのか。スペイン国王から信長にいくつかの要請があり、それを信長が受けるかどうかの交渉だったと思われます。要請の一つは明国出兵で、もう一つはイギリス、オランダといったプロテスタントの国との断交です。

後者の要請は当然でしょう。スペインはカトリックの国であり、イエズス会はカトリックの組織です。彼らはプロテスタントのイギリス、オランダと世界戦略においても争っていました。彼らの力を削ぐために、信長に断交を求めたのです。

前者の明国出兵ですが、じつはスペインやポルトガルは、以前から明の植民地化を計画していて、そのために日本を利用することを目論んでいたのです。本能寺の変から半年後、一五八二年の十二月十四日、ヴァリニャーノはマニラにいるスペイン総督に宛てた手紙に、明国を植民地化する計画について記し、そのために日本が役立つようになるだろうと書いています。信長は明国出兵を拒んだが、次に天下人になる秀吉は明国出兵を引き受けるので、スペイン国王の意思がかなうだろうという見通しを語った内容です。

すでにこの段階で、秀吉は清須会議をリードして信長の嫡孫・三法師の後見となり、織田家中の最高実力者になっていました。ヴァリニャーノは、秀吉が次の天下人となれば、信長が拒否した明国出兵を引き受けるに違いないと読んでいたのです。

イエズス会が目をつけた秀吉

このように、信長はイエズス会と手を切りましたが、キリシタン大名たちや南蛮貿易の関係者たちは、当然、この方針に反対します。信長は絶対的な権力者ですが、南蛮貿易は、その権力の源となった原資でもあるのです。

これによって信長の安土政権は非常に不安定な状態に陥ります。秀吉をはじめとする信長配下の武将たちは、毛利氏など敵対勢力と軍事的抗争を続けていました。政権の内部では貿易をめぐる政情不安が生じていたのです。

そして、信長と対立するようになったイエズス会の関係者は、すでに信長と朝廷との間に対立が生じ、信長を亡き者としようとする動きがあることを察知します。織田家中をはじめ、大名家や公家の家中にもキリシタンはいましたから、情報はかなり入ってきていたはずです。

イエズス会は、黒田《くろだ》官兵衛《かんべえ》に目をつけます。官兵衛は秀吉の傘下として中国攻めに参陣していましたが、「シメオン」の洗礼名を持つキリシタンです。イエズス会は官兵衛を取次役として秀吉にコンタクトを取ります。そして、本能寺の変によって光秀が信長を打ち取ったあと、秀吉に光秀を討たせる計略を立てます。

本能寺で信長が倒れれば好都合。しかし、光秀が生き延びて義昭が幕府を再興するのは不都合。イエズス会にとっては、信長のグローバリズム路線を引き継いでくれる秀吉が天下人となってくれるのが好都合だったわけです。

秀吉は、弟の羽柴秀長《はしばひでなが》を通じて細川藤孝と連絡を取り合い、無事に光秀を討ち果たします。そして、本能寺の変に近衛前久や誠仁親王がかかわっていた証拠をつかみ、それを武器に朝廷に揺さぶりをかけます。弱みを握られた朝廷は、秀吉に譲歩せざるを得ません。その後の秀吉の尋常ではないスピード出世も、納得がいきます。秀吉は本能寺の変を奇貨として、天下人への道を駆け上ってゆきます。

本能寺の変後の家康

一方、家康は、本能寺の変が起きた当時、京を離れて堺に向かっていました。堺見物に行ったとされていますが、もちろん鉄砲や火薬の調達を含む「ビジネス」の話が主だったでしょう。

信長横死の報せを受けると、ただちに三河への帰国を目指します。信長の同盟者にして一門待遇の家康は、確実に光秀の標的になります。伊賀《いが》越《ご》えの苦難を乗り越えて、伊勢の白子《しらこ》から船出し、六月四日に岡崎へ戻りました。

ちなみに、この伊賀越えのルートについても、いくつもの「説」があり、確定していません。三重大学教授の藤田達生さんは、最近、家康一行は伊賀をなるべく避け、甲賀《こうが》地方の和田《わだ》から伊賀（三重県西部）の柘植《つげ》へ入ったとする説を唱えています。納得できる説だと思います。

岡崎に帰った家康は、六月十四日に光秀を討つべく岡崎を出陣し、鳴海《なるみ》城に入ります。しかし十三日光秀は山崎の戦いに敗れ、その報せは十五日には鳴海城の家康のもとに届きました。家康はさらに進軍を続けようとしますが、光秀を討って織田家中の差配を担う立場になった秀吉が、京が平安を取り戻したことを伝え、家康に帰陣を促します。そして、信長の死によって政情不安となった旧武田領国の甲斐、信濃の平定に乗りだすことになります。

信長の死は、もちろん家康に大きな衝撃を与えたでしょう。しかし、すでに家康は、信長という巨大な支えを失った日本をいかに立てなおすかに腐心しなければならない立場に立たされていたのです。

本能寺の変から家康が受け取ったもの

本能寺の変によって、信長は落命します。革命によってこの国をグローバル社会に漕ぎだそうとした信長の志は、あえなく挫折します。

では、家康は信長の「失敗」から何を学んだのでしょうか。信長はイエズス会やスペインと連携してこの国の変革を目指しましたが、最終的に彼らと決別した結果、本能寺の変にいたりました。家康は、何よりもイエズス会とスペインを信用してはならない、彼らを頼みにしてはならないと考えたと思います。

そして、彼らカトリック勢力とライバル関係にあったプロテスタントのイギリス、オランダに接近して、朱印船《しゅいんせん》[6]貿易に乗りだします。晩年にはキリシタン禁令を発し、キリスト教への警戒を解くことはありませんでした。

禁中並公家諸法度の持つ意味

次に学んだのは、朝廷と正面から争ってはならないということです。中世の朝廷は力を失い、権威だけ残ったとの見解もありますが、実際には戦国時代後期から織豊期にかけて、朝廷は信長や秀吉といった武家の実力者との微妙なパワーバランスを保ちつつ、政治的な影響力を発揮していました。

最終的に信長を倒したのは朝廷の意志であったと、私はとらえています。家康は、朝廷と正面から争ってはならないと思い知ったのではないでしょうか。天皇を頂点とする秩序を重んじつつ、実際には朝廷を敬遠して政治的な力を振るえないよう、封じ込める。家康のそうした考えは、のち禁中並公家諸法度《きんちゅうならびにくげしょはっと》という法に結実します。

近年、東京大学史料編纂所准教授の松澤克行《まつざわよしゆき》さんのように、この公家諸法度は天皇を「治者」、すなわち政治的な存在であることを認め、立派な治者となるために漢学を学ぶことを求めたものだととらえる方もいるようです。つまり朝廷封じ込めのために作られたのではないという説です。

たしかに法度の本文を読む限り、そのようにも読めます。しかし、この場合の「治者」とはあくまでも理念上の存在であって、具体的な政治権力を指しているとは思えません。実際の政治は、「治者」である天皇から征夷大将軍に任じられた将軍が主宰する武家政権＝幕府が行うという、中世以来のシステムになんの変更もないわけですから、やはり禁中並公家諸法度の目的は、本能寺の変にコミットしたような動きを、二度と朝廷にさせないための「念押し」だったと考えてよいと思います。

信長から継承しなかったもの

さらに家康は、信長の革命思想を、そのまま受け継ぐのではなく、修正して受け継ぐ姿勢を見せました。すでに指摘したように、信長は全国の大名やその家臣たちを父祖伝来の土地から引き離し、土地はすべて国家＝天皇のものであるとする、古代以来の公地公民制に近いシステムにしようとしました。

そのために、城割りという名の武装解除を進め、検地によって所領の生産高を確定し、兵農分離に取り掛かっていました。こうした試みは、基本的に秀吉に受け継がれ、家康も踏襲したと思います。

しかしながら、信長が掲げ、秀吉が継承した重商主義・中央集権的な政策については、すでに何度か触れたように、家康は継承していません。家康は、室町時代の守護領国制を復活した、農本主義・地方分権的な統治を基本とする幕藩体制を作りあげます。もちろん復活と言っても、そのまま同じ制度を目指したわけではありません。信長の革命路線から学ぶべきものは学び、それを活かした、いわゆるハイブリッド的な国造りを目指しました。

もう一つ、信長の失敗から学んだのは、いくら高い理想を掲げても、性急に事を運べば失敗するということだと思います。家康の「東照宮御遺訓」にある「遠き道をゆくが如し、急ぐべからず」は、まさにこうした家康の心情を反映したものでしょう。

1　厳しく叱ること。
2　兄弟や親戚、または血縁関係のない他人の子と仮の親子関係を結び、自身の子とすること。信長は正親町天皇に誠仁親王への譲位を迫っていたという。
3　院政を執り行う上皇。
4　京都御所のなかで天皇の日常生活の居所となった建物。
5　室町時代以降、伊豆の三島大社が発行した暦。
6　秀吉、ついで家康など日本の支配者が発行する海外渡航許可証（朱印状）を得た船による海外貿易。

第十章

乱世最後の覇者から真の王者へ

天正壬午の乱と家康

さて、もう一度、時間軸を織田信長の死の直後に戻します。

本能寺の変ののち、徳川家康は山崎の戦いで明智光秀を倒した羽柴秀吉から、旧武田領国の甲斐・信濃の確保を依頼されました。信長の家臣たちが支配を担当していたのですが、信長の死によって、安土政権に従っていた現地の国衆や、武田の旧臣層が反旗を翻すなど、非常に不安定な状況になっていたからです。家康は天正十年（一五八二）七月三日に浜松を発ち、甲府へ向かいます。

ところが、こうした事態に、関東の北条家や越後の上杉家も、上野・甲斐・信濃に支配の手を伸ばそうとして、各地で争乱状態となります。本能寺の変後、武田氏旧領をめぐって起きたこの天正十年の争乱を、歴史家の平山優さんは「天正壬午《てんしょうじんご》の乱」と名づけました。

甲斐に入った家康は、八月十二日に黒駒《くろこま》の合戦で北条勢を撃破します。すると国内の武田旧臣たちは、次々に起請文を家康に差しだして臣従を誓いました。「天正壬午甲信諸士起請文」という史料の写本が残っていて、その実態をうかがうことができます。

徳川家と北条家は、上野、信濃、甲斐、駿河など各地で交戦に及び、一進一退の攻防を繰り返します。北条家の家督である北条氏直は、甲斐の若神子《わかみこ》城に進出。新《しん》府《ぷ》城に移った家康勢と対峙します。

十月二十九日にいたり、ようやく氏直の父で北条家の最高実力者である北条氏政と家康の間に和睦が結ばれ、氏直と家康の娘の督姫《とくひめ》との縁組みが決定。ここにおいて、天正壬午の乱は収束します。結果として、家康が新たに甲斐・信濃の二国を領有することになり、三河・遠江・駿河と合わせて五ヶ国の太守《たいしゅ》[1]となったのです。

秀吉の天下へ

一方、信長の死によって、安土政権は秀吉をはじめとする重臣たちのヘゲモニー争い[2]で揺れ動きます。秀吉は清須会議で三法師を立てて織田家の家督を継がせますが、やがて信長の二男の織田《おだ》信雄《のぶかつ》を家督に差し替えたようです。

これに不満を抱く三男の織田信孝《おだのぶたか》は、織田家重鎮の柴田勝家と結んで対抗しますが、天正十一年四月の賤ヶ岳《しずがたけ》の戦いで秀吉は柴田勢を撃破。四月二十四日に、勝家は居城の北ノ庄城で自刃。信孝も二十九日に自刃して果てます。

秀吉は、事実上、織田政権の後継者となり、織田家の家臣の立場から、公権力を率いる天下人の立場に立とうとしていました。秀吉の自意識のなかでは、織田家はすでに克服された存在だったのだと思います。

孤立した信長の二男・信雄は、父・信長の同盟相手であった家康に接近します。天正壬午の乱を収めた家康は、すでに見たように五ヶ国の太守となり、抗争相手であった北条家と同盟を結ぶことで東方への不安を解消していました。天正十二年、家康と信雄は秀吉と小牧《こまき》・長久手《ながくて》の戦いを繰り広げることになります。

「環伊勢湾戦争」という知られざる天下分け目の戦い

家康は、それまで秀吉とはあまり接点がなく、天正壬午の乱では、どちらかと言えば織田政権の後始末をしなければならなかった者同士、友好関係にあったと言えるかもしれません。しかし、秀吉によって追い詰められた信雄が頼ってきた以上、家康も見捨てるわけにはいかなかったのでしょう。すでに信長の後継者としてふるまいはじめた秀吉に対し、本来は格上であった家康は、内心、憤りと不満を抱いていたのかもしれません。

天正十二年三月に始まった小牧・長久手の戦いですが、この戦いについては、近年研究が進み、秀吉と家康が戦った「局地戦」ではなく、もっと大規模な、広域を舞台とする戦争であったという実態が明らかになっています。三重大学教授の藤田達生さんが編者となり、織豊期研究会所属の研究者たちが二冊の研究書で、この戦いについて論じています。

この諸研究では、小牧・長久手の戦いを「環伊勢湾戦争《かんいせわん》」と呼ぶべきだと提唱しています。伊勢湾を挟んだ対岸の地である伊勢を舞台とする戦いも、この戦争の一部であったとするためで、論者によっては、関ヶ原の戦いと同様、この環伊勢湾戦争も「天下分け目の戦い」であったと主張しています。

広がり続ける戦火

たしかに、家康はこの戦いにあたり、紀州の一向一揆や本願寺、四国の長宗我部《ちょうそかべ》元親《もとちか》、越中の佐々成政などと同盟関係を結んでいます。それは、秀吉包囲網とも言える陣容でした。おそらく家康は、秀吉を倒し、上洛して信雄を将軍あるいは次の天下人の座に据えるつもりだったのでしょう。かつて信長が足利義昭を擁して上洛したときの再現です。

四月九日、戦いの序盤となった長久手の戦いで、家康は秀吉の甥・羽柴秀次《はしばひでつぐ》が率いる大軍を撃破し、じつに一万余の敵を打ち取ったと伝わっています。その後、小牧周辺で大きな衝突は起きませんでしたが、家康が仕掛けた秀吉包囲網が発動します。

すでに秀吉と対決姿勢を取っていた紀州の雑賀衆や粉河《こかわ》寺衆徒は、秀吉が小牧に出陣しようとする直前に岸和田《きしわだ》方面から攻めかかり、大坂に大きな被害をもたらしました。紀州勢は、小牧・長久手での戦いが始まってからも、家康らと連携して南から秀吉を脅かし続けます。

一方、関東では家康と同盟した北条氏が上野に進出。秀吉方についた佐竹義重《さたけよししげ》・宇都宮国綱《うつのみやくにつな》とこの年の五月から八月にかけて沼尻《ぬまじり》で衝突しています（沼尻合戦）。

土佐の長宗我部元親は、秀吉が四国に派遣した仙石秀久《せんごくひでひさ》の軍勢を破り、六月十一日には十河《そごう》城を落として讃岐《さぬき》（香川県）を手中に収めています（十河城の戦い）。

秀吉方についた滝川一益《たきがわかずます》は、六月十六日に尾張の蟹江《かにえ》城を落とします。蟹江城は、信雄の拠る伊勢長島城と、家康が布陣する清須城とを結ぶ地点にあったため、信雄と家康はただちに奪還を図り、七月三日には蟹江城を奪還。一益は伊勢に敗走しました（蟹江城合戦）。

九月九日には、佐々成政が秀吉方についた能登《のと》（石川県北部）の末森《すえもり》城を攻めましたが、秀吉方の前田利家《まえだとしいえ》が救援に駆けつけ、成政は退却を余儀なくされました（末森城の戦い）。

このように、環伊勢湾戦争は各地での戦いに波及しましたが、最終的には信雄の本国である伊勢を脅かすという秀吉の策が効を奏し、十一月十二日、信雄は家康に相談することもなく秀吉と和睦してしまいます。伊賀一国と伊勢半国を秀吉に割譲するという条件でした。戦の大義名分を失った家康は、十一月十七日に三河に帰国します。

家康は、長久手での局地戦では赫奕《かくえき》たる[3]勝利を収めましたが、秀吉との外交戦に敗れたと言えるかもしれません。

その後、家康は上洛をして秀吉に臣従するよう求められても応じませんでした。しかし、天正十四年に秀吉が妹の朝日姫を家康に嫁がせ、さらに実母の大政所《おおまんどころ》（天《てん》瑞院《ずいいん》）を家康のもとに預けるなどの懐柔策を取った結果、家康は上洛して秀吉に臣従を誓うことになります。

その後、家康は豊臣政権の有力大名として、九州攻め、小田原攻め、東北仕置きといった、秀吉の天下統一事業をサポートすることになります。そして、天正十八年七月、家康は関東に移封され、江戸を本拠地として整備し、関東各地に家臣団を配置して、新たな領国経営に乗りだします。

秀吉の天下構想と織田政権

秀吉は信長の天下構想、すなわち革命路線を引き継いだと、すでに指摘しました。

とはいえ、やはり信長は志半ばで挫折したのですから、秀吉も信長の失敗に学んでいます。それは朝廷を敵に回してはならないということです。

秀吉は、むしろ朝廷に接近して、内部に入り込むことによって、朝廷との折り合いをつけようとします。すなわち、官職への任官です。信長は正二位《しょうにい》・右大臣《うだいじん》にまで昇進しましたが、翌年には辞職して亡くなるまで官職にはつきませんでした。しかし、秀吉は山崎の戦いに勝利して以後、急速に官位を上げ、天正十三年にはとうとう関白の地位を手にします。

秀吉は自らが関白となって朝廷の頂点に立ち、さらに家康をはじめとする全国の大名にも官位を授け、自らを頂点とする新たなヒエラルキーに組みこもうとしたのです。天正十六年四月、秀吉は関白政権の政庁として築いた聚楽第《じゅらくだい》に後陽成《ごようぜい》天皇の行幸《ぎょうこう》[4]をあおぎ、天皇の面前で信雄や家康を筆頭とする諸大名に臣従を誓約させます。その直前、秀吉は自らの弟・羽柴秀長、甥・秀次、そして親類筋の宇喜多《うきた》秀家《ひでいえ》と並び、家康に「清華《せいが》」と呼ばれる、藤原摂関家に次ぐ公家の家格を与えました。

秀吉は、公家の家格を利用して、従一位関白太政大臣である自分のもとに各大名たちを序列化し、日本を統治するというシステムを作りあげたのです。このあたりは、國學院大学教授の矢部健太郎《やべけんたろう》さんの「武家官位制」の研究によって明確になってきました。

家康は小牧・長久手の戦いで秀吉に煮え湯を飲ませたうえで、最終的には臣従したというイメージがあります。つまり、相対的には秀吉から自立していたのではないかと考える向きもありますが、この武家官位制の観点からすれば、完全に豊臣政権下の有力大名という位置づけになっていたのです。

秀吉は、さらに自らが天皇の落とし胤《だね》だという伝説を作って流布させようとしたようで、政権のスポークスマンのような位置にいた大村由己《おおむらゆうこ》が書いた軍記物『天正記』にそれをほのめかす記述があります。これも、天皇や朝廷の権威に自らを近づけて利用しようという意思のあらわれでしょう。

秀吉の政治方針

政治方針については、秀吉はおおむね信長を引き継ぐ姿勢を見せました。城割りによる武装解除をさらに進め、刀狩りを実施します。検地についてもより発展させ、同じ基準で全国の農地の生産高を調べあげる太閤検地を実現しました。いずれも、公地公民という発想を根本において、兵農分離を進める政策です。

そして、九州攻め、小田原攻め、奥州仕置きによって、天下統一事業を完成させます。秀吉は惣無事令《そうぶじれい》を発して、全国の大名同士の私闘を禁止します。戦国時代研究の故・藤木久志《ふじきひさし》さんの研究が有名ですが、秀吉は大名たちに関白である自分への絶対服従を求め、いさかいはすべて関白の名において裁定するので武力で決着をつけることを禁止するとしたのです。

惣無事令については、「法律」のような性格のものではなく、個別具体的な大名間の「裁定」の沙汰だったとする見解もあるようで意見が分かれています。しかし、大名間のもめごとを公権力＝秀吉政権が解決するという方針を示したこと自体は、非常に画期的だったのではないでしょうか。

秀吉とイエズス会

イエズス会やスペインと秀吉との関係は微妙で、本能寺の変以来の相克を抱え込んでいました。天正十四年三月、秀吉はイエズス会の日本支部長だったガスパール・コエリョに、明国への出兵を明言し、布教の自由を認めています。第九章で指摘した通り、そこには本能寺の変の際の約束があったのでしょう。秀吉は、その約束を果たした。

しかし、秀吉は信長と同様に、なんとかしてキリシタン勢力を制して、彼らの影響力を削ごうと考えていたようです。天正十五年六月十九日、九州攻めで筑前《ちくぜん》（福岡県北西部）に滞在中の秀吉は、「バテレン追放令」を発令します。これは、イエズス会領となっていた長崎が要塞化していたことや、キリシタン以外の日本人が奴隷として海外に売り飛ばされていることを知った秀吉が、イエズス会宣教師の活動を制限しようとして発したとされています。

しかし、かなりゆるやかな禁令で、大名がキリスト教に改宗するのを制限することなどが目的だったようです。秀吉は、前年のコエリョとの会談の際、明国出兵を念頭においてポルトガルの大型軍艦を二隻、借用したいと申しでています。

イエズス会としては、秀吉に明国出兵を依頼したものの、あくまでもスペインの明国侵略のサポートを期待したのであって、秀吉にあまり活躍されても困る。だから軍艦の貸し出しを渋ったようです。となると、秀吉のバテレン追放令には、この軍艦を入手するための駆け引きの要素があったのかもしれません。

秀吉は、天正十九年閏一月八日に、聚楽第でヴァリニャーノや天正遣欧使節《てんしょうけんおうしせつ》[5]と対面しています。バテレン追放令はこのときに撤回していた可能性があります。

朝鮮出兵（文禄《ぶんろく》の役）は、天正二十年（一五九二）四月十二日に始まり、文禄二年（一五九三）七月九日まで続きました。秀吉は、イエズス会、スペイン、キリシタン勢力を制しようとしましたが、結局はそれを果たせず、朝鮮出兵に突入してしまったのだと思います。

その秀吉は、二度目の朝鮮出兵である慶長《けいちょう》の役のさなか、慶長三年（一五九八）八月十八日、六十二年の生涯を閉じます。

慶長三年の敗戦と石田三成

第一章で述べたとおり、秀吉の死によって、豊臣政権は大きく揺れ動きます。その発端となったのは、朝鮮出兵の失敗です。秀吉が亡くなった八月十八日の状況は、昭和二十年（一九四五）の八月十五日、すなわち太平洋戦争に日本が敗れた日と同じだと、私は思っています。

敗戦の日、日本の国土は荒れ果て、誰もが絶望の淵に落ちていました。慶長三年の八月十八日も、文禄・慶長の役によって国内は疲弊しきっていたと考えています。とくに西日本は深刻な状況に置かれていました。

二度の朝鮮出兵で、戦った武士たちはもちろん、多くの人夫が徴用され、現地で命を落とした者、日本に帰国できなかった者も多くいました。また、内地では出兵に備えた年貢の取り立てが過酷を極め、在地の村々では耕作を放棄して逃散し、流民化する百姓が膨大な数に上っていたようです。

秀吉亡きあと、豊臣政権を構成する大名たちは、こうした事態をどう立てなおすのかを考えなければなりませんでした。その方針をめぐって豊臣政権、そして全国の大名が二つに割れてしまったのです。対立軸は、今後の日本をどう立てなおすか。

第一章でも触れましたように、実務官僚である奉行であった石田三成は、秀吉の路線を修正しつつ継承することを目論みます。もちろん、重商主義・中央集権路線です。こうした方針は、南蛮貿易の恩恵を受けている西国大名の支持を得ることができました。キリシタン大名や、彼らの背後にいるイエズス会も、ともに支援したと思われます。

関ヶ原の勝利の本当の意味

これに対し、大老《たいろう》[6]の筆頭として事実上の最高実力者であった家康はどうしたか。家康は、秀吉の小田原征伐によって疲弊した関東二百四十万石を、移封後に復興させた実績がありました。そのときに用いた手法が、家臣たちを各地に配置して現地での復興にあたらせる農本主義・地方分権的な手法でした。

家康は、その手法を全国に波及させるべきだと考えました。それは、家康が自軍の旗に記した「厭離穢土　欣求浄土」の道でもあります。この世を浄土にするためには、それが必要だと家康は思ったのでしょう。

それは鎌倉・室町時代以来の武家政権のあり方への回帰という側面がありました。もちろん、守護領国制をそのまま復活させるのではなく、各地の大名領国を一つの単位として、自助努力による国造りを任せるというかたちを取ることになります。

この方針は、南蛮貿易の恩恵が少ない東国大名の支持を集めました。勢い、国家の立てなおし方法をめぐる三成と家康の対立は、西日本と東日本の対立という色合いを帯びることになります。

家康としては、自らの方針を実現するためには、三成をくじくことはもちろん、豊臣家から政治の実権を奪い、自らの新しい政権、すなわち幕府を開くことが必要だと感じたのでしょう。

三成と家康の路線対立は、天下分け目の関ヶ原の戦いというかたちで決着を見ます。このとき家康と三成の対立の隙間をぬって、漁夫の利を得ようとする黒田官兵衛の動きも密かに存在しました。

遠く九州の豊前中津《ぶぜんなかつ》にいた官兵衛は、西軍の支援を受けてお家再興を目指して兵を挙げた大友義統《おおともよしむね》を、九州の関ヶ原と呼ばれる石垣原《いしがきはら》の戦いで打ち破り、その勢いのまま快進撃を続けて九州全土を征圧する勢いを見せました。キリシタン大名を糾合していましたので、イエズス会やスペインの支持を背景としていたのでしょう。

しかし、関ヶ原の戦いがわずか一日で決したため、官兵衛とキリシタン勢力の野望は、実現しませんでした。

そして、家康は関ヶ原の戦いに勝利し、その後はなし崩し的に豊臣政権からの自立を果たします。慶長五年には征夷大将軍となり、ついに江戸幕府を開くにいたったのです。この勝利は、農本主義・地方分権の勝利にほかなりません。そして、政治的には慶長二十年の大坂の陣で豊臣氏を滅ぼす一方で、家康は農本主義・地方分権による新たな国家体制、すなわち幕藩体制を作っていくことになります。

江戸城と江戸の町作り

幕藩体制の要であり、全国の大名が模範とすべき都市となったのが江戸でした。首都である江戸を作りあげ、そのあり方を全国に波及させるのも、地方分権政策の重要なポイントだったのです。このあたりについては、江戸をはじめとする都市史研究で知られる故・鈴木理生《すずきまさお》さんの研究を参考にします。

関東に移封された家康がまず手をつけたのは、平川《ひら》と、江戸湊《えどみなと》に通じる道三堀《どうさんぼり》の開削でした（10－1）。これは江戸の町に物資を搬入するための搬入路を確保する工事でした。当時は水運が唯一の大量輸送手段でしたから、水路の確保は都市計画の

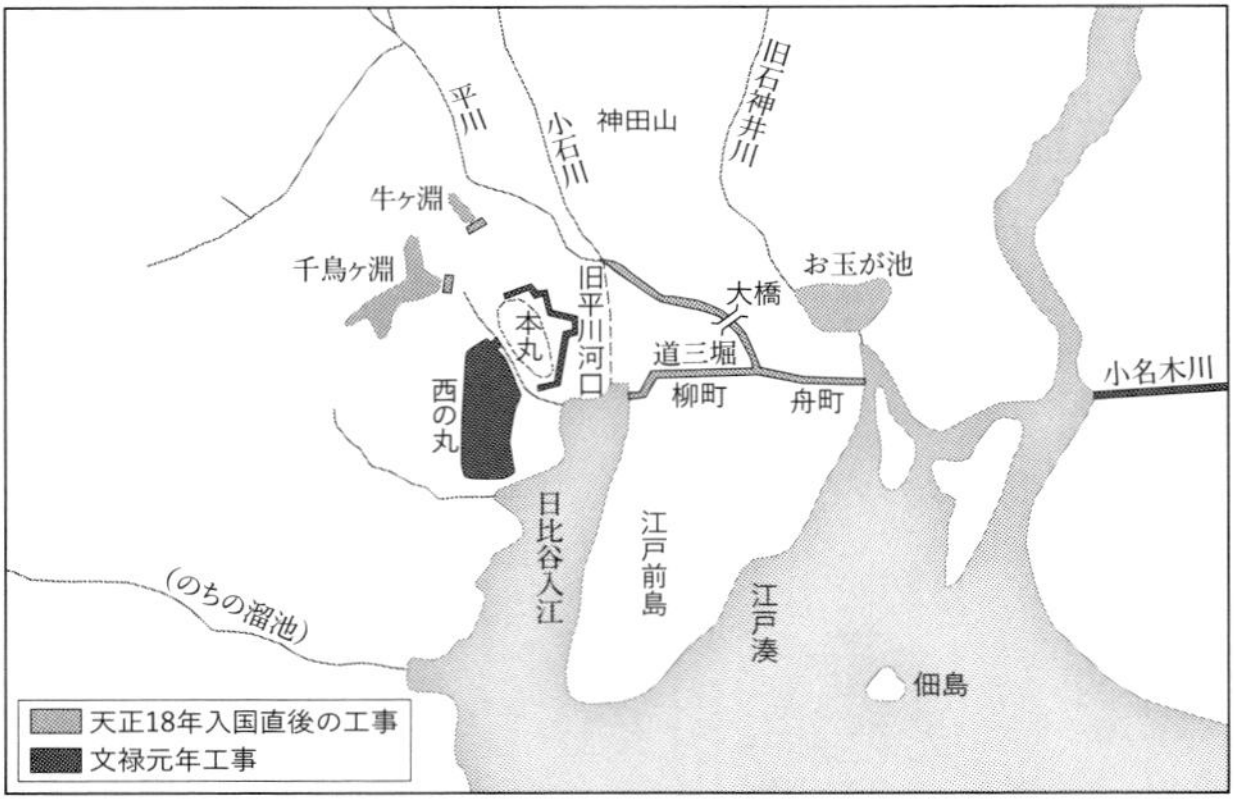

10-1　徳川直営江戸普請

10-2　江戸の沿海運河

(上下図とも鈴木理生『江戸はこうして造られた』[ちくま学芸文庫]掲載図を元に作成)

基本の「き」だったのです。次に平川の流れを付け替え（流路変更）して、道三堀に流し込むこと。これによって、江戸城の城地を東に広げることができるようになります。

次の段階として、家康は江戸城本丸の堀を設置し、西の丸の曲輪《くるわ》を整備しました。続いて、隅田川《すみだ》から古利根川《ことねがわ》（中川）まで、小名木川《おなぎ》の開削を行い、中川から利根川（江戸川）まで新川の開削をしました（10-2）。

そして、江戸城については、第一次天下普請（慶長十一年～十六年）、第二次天下普請（慶長十六年～十九年）という、全国の大名に工事を分担させる国家事業として整備されました。

家康死後の江戸改造計画

家康は元和《げんな》二年（一六一六）に亡くなりますが、江戸の都市整備はさらに続き、元和七年から寛永《かんえい》十八年（一六四二）にかけて、利根川の付け替えが行われます。利根川を、その東を流れる常陸《ひたち》川につなげて太平洋に注ぎ込む流れを作り、さらに江戸の東部を流れる江戸川にも分水するという大工事でした。この大工事は、関東郡代を務めた伊奈《いな》忠次《ただつぐ》、忠治《ただはる》らが手掛けたことで知られています。

この利根川の東遷によって、江戸川と利根川は、東北地方や北関東の産物や物資を江戸へと運ぶ水運の動脈となりました。川沿いには多くの河岸《かし》が作られて賑わいを見せました。のちには野田《のだ》の醤油、流山《ながれやま》のみりんなどが産物として江戸に運ばれるようになります。

こうした江戸の改造計画は、元禄《げんろく》三年（一六九〇）ごろにおおむね完成し、江戸の水運体制ができあがりました。首都・江戸の繁栄は、家康が先鞭をつけた水利工事によって達成されたわけです。そして、水利と一体化した城下町の建設は、幕藩体制を支える全国の大名たちの手本となり、二百数十にも及ぶ城下町が全国に築かれることになります。

家康が信長・秀吉から引き継いだもの

家康は、大坂の陣を経て元和偃武《げんなえんぶ》と呼ばれる天下泰平《てんかたいへい》の世が完成するのを見届けて元和二年に亡くなります。

ここであらためて家康が何を達成したのかを、振りかえってみたいと思います。再三、述べたように、家康の生涯の目標は「厭離穢土　欣求浄土」、すなわちこの世を浄土にして誰もが平和で安全に暮らせる世を作ることでした。そのために、織田信長という革命的な人物を支え、信長にならって重商主義・中央集権的な政策を学び、南蛮貿易によるグローバリズムの恩恵に浴し、鉄砲や火薬を入手するルートを確保しました。それによって、三河の国衆に過ぎなかった家康は、戦国大名として自立し、戦国の世を生きぬき、日本有数の大名権力となることができたのです。

信長の死後、その路線を継承したのは豊臣秀吉でした。家康は心ならずもその家臣に収まります。そして、信長からも秀吉からも多くのことを学び、継承しました。

彼らから引き継いだもので、もっとも重要なのは、武装解除と兵農分離という方針です。武装解除、兵農分離などの「成果」は、中世から近世に時代が移り変わる際の重要な要素です。この二つを実現することによって、中世的な自由は制限されることになります。

中世的な自由とは、一言で言えば自力救済です。現代のわれわれは、自由と聞くと手放しで肯定したり称賛したりしますが、自由というのは責任が伴うものです。つまり、自分たちの村を自分たちで管理して自由を享受する以上、他の村や大名から攻められたら、自分たちで武器を取って戦い、自分たちで村を守らなければならないわけです。

信長・秀吉・家康といった天下人たちは、武装解除と兵農分離によって、人々から自由を奪うかわりに、彼らの安全を政治が保証するという大改革を行ったのです。自由と引き換えに命の安全を与えた、とも言えるでしょう。

家康が作った幕藩体制は、基本的には幕府の強大な武力を背景に、全国から戦争をなくしてしまった政治体制です。人々は、たしかに室町時代後期から戦国時代にあったような自由は失いました。秀吉のように、農民から武士となり大名になる自由も手放してしまったのです。

そのかわり戦争はなくなり、犯罪や自然災害にでも遭わない限り、基本的には安全な生活環境のなかで生涯を送ることが可能となったのです。近年、徳川の平和（パックス・トクガワーナ）という言葉を目にします。二百五十年以上に及ぶ江戸時代は、ほとんど戦乱のない平和な時代でした。その基本は、信長から家康が引き継いだ、武装解除と兵農分離によってもたらされたものだったのです。

すでにお気づきでしょう。それこそが、家康の求めた「厭離穢土　欣求浄土」なのです。

乱世の覇者という達成

本書の書名は『家康はなぜ乱世の覇者となれたのか』です。この覇者という言葉に引っかかる読者もいらっしゃるのではないでしょうか。古代中国にさかのぼる政治思想においては、覇者と王者は明確に区別されています。覇者とは実力・武力をもって天下を治める者のことで、その方法論や政治哲学を覇道と呼びます。一方、王者は仁愛や徳をもって天下を統治する者であり、その方法論や政治哲学を王道と呼びます。つまり、王者と比べると覇者は一段下の存在ということになるからです。

家康は、戦いに次ぐ戦いのなかで戦乱の世を生きぬきました。武将としての実力では、信長にも秀吉にもかなわなかった。武田信玄にもかなわなかったかもしれません。しかし、家康は彼らから多くのことを学び、それを自らの「厭離穢土　欣求浄土」を作るために活かそうとしました。

最終的に家康は、関ヶ原の戦いや大坂の陣に勝利することで、戦乱の世の勝者となりました。それは、まさに「最後の覇者」の名にふさわしい達成だと言えます。しかも、家康は武装解除と兵農分離によって戦いの連鎖を止めました。天下泰平という名の「厭離穢土　欣求浄土」を作りあげたのです。

乱世の覇者から真の「王者」へ

のちに江戸幕府は鎖国体制と呼ばれる仕組みを作りました。近年ではよく知られるようになりましたが、これは国を閉ざすというネガティブなシステムではなく、体制不安をもたらしかねないキリスト教を排除し、貿易を徹底して管理する政治体制です。貿易もストップしたのではなく、窓口を長崎、対馬《つしま》、薩摩、松前《まつまえ》の四つに限定して、盛んに行われました。

著名な近世史研究家であった故・山本博文《やまもとひろふみ》さんらの研究によれば、こうした管理貿易体制を作りあげたことによって、近世日本は厳密な管理体制のもとで必要な貿易は行いながら、ヨーロッパや東アジアの政治変動や戦乱の影響を受けることなく、平和を享受できたと指摘されています。

また、幕藩体制というシステムも、徳川家の天下のもとで、地域に根を下ろした国持大名たちが地域国家＝藩として存立し、それぞれの藩の平和を維持しつつ繁栄を目指す、日本独自の地方自治のあり方だったと評価できるでしょう。

つまり家康は、農本主義・地方分権体制の世を作り、天下泰平を達成したことで、「乱世の覇者」から最終的には「厭離穢土　欣求浄土」の世を実現した真の「王者」になったと言えるのではないでしょうか。

作家として家康の生涯に寄り添った私はいま、家康をそのようにとらえています。

1　領主。
2　支配的な立場をめぐる争い。覇権争い。
3　輝かしい。
4　天皇が御所を出て外出すること。
5　天正十年（一五八二）にイエズス会が企画、日本でのキリスト教の布教活動のさらなる活発化と援助を求めてヨーロッパに派遣した。大友宗麟・有馬晴信・大村純忠の名代として正使に伊東《いとう》マンショ・千々石《ちぢわ》ミゲル、副使に中浦《なかうら》ジュリアン・原《はら》マルチノの四少年を選出。各地で大歓待を受け成功を収めたが、バテレン追放令発布により天正十八年に帰国していた。

6 秀吉が晩年、死後の豊臣政権を安定させるために幼少の嫡男・豊臣秀頼の後見として置いた職制。五奉行の上位に位置する最高顧問で、五奉行との合議制で政権を運営した。五大老は筆頭の家康のほか、前田利家・毛利輝元・宇喜多秀家・小早川隆景《こばやかわたかかげ》（隆景の死後は上杉景勝）の有力大名からなる。対して五奉行は実務を担当し、三成をはじめ信任の厚い家臣で構成された。だが秀吉の思惑通りにはいかずに対立、関ヶ原の戦いへとつながった。

7 城のまわりに築いた土塁や石垣。または囲まれた平場の区画を指す。

おわりに

グローバルな世界情勢の苛烈な荒波のなかにあった戦国時代。そんな時代に覇者となった家康は、グローバリズムから距離をとり「徳川の平和」を作りだした。だとするといまこそ、「家康はなぜ乱世の覇者となれたのか」を知ることが重要なのではないか。私はそう思って本書をここまで進めてきました。説明してきた通り、それを成し遂げ得たのは、「厭離穢土　欣求浄土」という家康の夢があってこそでした。

私は現在、作家生活三十年の集大成として、徳川家康という人物ととことん向き合い、その生涯を長編小説にまとめようとしています。私が描いた『家康』は、文庫版にして八巻になり、桶狭間の戦いから朝鮮出兵にまで及んでいます。さらに、残り八巻で大坂の陣までを描くつもりです。

ご存じの通り世の中にはすでに多くの家康小説があるにもかかわらず、なぜ家康を書こうと思ったのか。家康を主人公とする小説でもっとも知られているのは、山《やま》岡荘八《おかそうはち》さんの『徳川家康』（全二十六巻）でしょう。現在、私たちが思い描く家康のイメージの多くは、この山岡版「家康」によって作られたものではないでしょうか。

しかし歴史学の成果によって、従来の戦国史の誤りや限界が克服されつつありますので、それを踏まえた家康のイメージの更新を行い、新しい戦国時代像を確立したかったのです。

「新しい戦国時代像」とは何か。本書では、それを説明してきました。あとはぜひ、小説『家康』の物語のなかで実際に動き、喜び笑い、怒り悲しみ、迷い決断する人物・家康を見ていただきたいのですが、本書の最後に、私が感じ取った家康という人物の人間性について記し、本書の締めにしたいと思います。

家康の性格については、これまでさまざまなとらえられ方がされてきましたが、私は信長や秀吉と比べると非常に明確になると思っています。信長は直線的です。物事の本質をつかんで、そこに向かってわき目もふらず突き進む。そして秀吉は多角的。一つのことをするのにも、その裏でじつにさまざまな方向に目配りをして、目的を実現する。

それに比べると、家康は螺旋《らせん》的だったと言えるのではないでしょうか。ある方向から見ると、同じところをぐるぐる回っているように見える。何事にも慎重で思慮深いからです。しかし、じつは螺旋を描くように少しずつ、確実に高みに上がっている。

そんな家康の人柄は、「東照宮御遺訓」のなかによく表れています。「人の一生は重荷を負ひて遠き道をゆくが如し、急ぐべからず」はよく知られていますが、私は「己を責めて人を責むるな」の一条が好きです。

命の取り合いが日常茶飯事だった戦国時代に、こんなモットーを持って生きぬくのはどれほど難しかったことでしょう。

怒りや憎しみにはらわたが煮えくり返るときもあったでしょうが、家康はこの世を浄土に変えるという遠い理想を実現するために、「己を責めて人を責むるな」と自分に言い聞かせていたのです。

このような人物が、実際の場面場面で躍動する姿は、ぜひ小説『家康』の物語でお楽しみいただければと思います。

にわかに徳川家康への注目が集まるなか、本書によって戦国時代をグローバルな視点からとらえなおした新たな戦国時代像が伝わり、「厭離穢土　欣求浄土」というスローガンに込めた家康の真意と、家康が目指した浄土の意味をご理解いただければ幸いです。

令和四年九月

安部龍太郎

参考文献

・安部龍太郎『信長はなぜ葬られたのか　世界史の中の本能寺の変』幻冬舎新書　二〇一八年
・安部龍太郎・佐藤優『対決！日本史　戦国から鎖国篇』潮新書　二〇二〇年
・大分市教育委員会『戦国大名と鉱物資源　資料集』二〇二一年
・岡美穂子・鹿毛敏夫編『硫黄と銀の室町・戦国』思文閣出版　二〇二一年
・小和田哲男『東海の戦国史』ミネルヴァ書房　二〇一六年
・笠谷和比古『徳川家康』ミネルヴァ書房　二〇一六年
・黒田基樹『戦国大名　政策・統治・戦争』平凡社新書　二〇一四年
・黒田基樹『国衆　戦国時代のもう一つの主役』平凡社新書　二〇二二年
・柴裕之『徳川家康　境界の領主から天下人へ』平凡社　二〇一七年
・鈴木理生『江戸はこうして造られた』ちくま学芸文庫　二〇〇〇年
・平尾良光・飯沼賢司「大航海時代における東アジア世界と日本の鉛流通の意義――鉛同位体比をもちいた分析科学と歴史学のコラボレーション」別府大学文化財研究所・九州考古学会・大分県考古学会編『キリシタン大名の考古学』思文閣出版　二〇〇九年
・平尾良光・飯沼賢司・村井章介編『大航海時代の日本と金属交易』思文閣出版　二〇一四年
・平川新『戦国日本と大航海時代――秀吉・家康・政宗の外交戦略』中公新書　二〇一八年

・平山優『検証 長篠合戦』 吉川弘文館 二〇一四年
・平山優『増補改訂版 天正壬午の乱――本能寺の変と東国戦国史』 戎光祥出版 二〇一五年
・平山優「遠州堀江城と武田信玄――三方原合戦に関する覚書」『武田氏研究』第65号 二〇二二年
・藤井譲治『徳川家康 時々を生き抜いた男』 日本史リブレット046 山川出版社 二〇二一年
・藤木久志『豊臣平和令と戦国社会』 東京大学出版会 一九八五年
・藤田達生編『小牧長久手の戦いの構造 戦場論（上）』 岩田書院 二〇〇六年
・藤田達生編『近世成立期の大規模戦争 戦場論（下）』 岩田書院 二〇〇六年
・藤田達生『天下統一――信長と秀吉が成し遂げた「革命」』 中公新書 二〇一四年
・藤田達生「『鞆幕府論』再考」 特別展図録『鞆幕府 将軍 足利義昭』 二〇二〇年
・藤田達生『戦国日本の軍事革命』 中公新書 二〇二二年
・堀新『天下統一から鎖国へ』 日本中世の歴史7 吉川弘文館 二〇〇九年
・本郷和人『日本史の法則』 河出新書 二〇二一年
・本多隆成『定本 徳川家康』 吉川弘文館 二〇一〇年
・丸島和洋「武田信玄の駿河侵攻と対織田・徳川氏外交」『武田氏研究』第65号 二〇二二年
・矢部健太郎『関ヶ原合戦と石田三成』 敗者の日本史12 吉川弘文館 二〇一三年
・山本博文『鎖国と海禁の時代』 校倉書房 一九九五年
・渡部泰明・阿部泰郎・鈴木健一・松澤克行『天皇の歴史10 天皇と芸能』 講談社学術文庫 二〇一八年

解　説

天野純希

これまで、徳川家康の名前を聞いて抱く一般的なイメージとはどんなものだったろう。

幼い頃は人質として過ごした、辛抱強い苦労人。狡猾で抜け目なく、謀略で豊臣家から天下を奪った腹黒い狸親父。あるいは後家好みというのもあるかもしれない。いずれにしろ、苛烈で颯爽とした信長や、庶民的で人たらしの秀吉と比べて、いくらか地味で、マイナスイメージを持っている人も多そうだ。

人気の面でも、三英傑の他の二人に水をあけられている感は否めない。信長が搗《つ》き、秀吉が捏《こ》ねた天下餅を「座りしままに」食らったという狂歌も、不人気の要因の一つだろう。

戦国時代の「最後の勝利者」であるがゆえに、ドラマや小説などでラスボス、黒幕的な役回りを演じることが多いということもあるかもしれない。作家として正直なところを述べると、家康はラスボス役として実に「使い勝手」がいいのである。

そんな不運の不人気武将である家康が、２０２３年大河ドラマ『どうする家康』の主人公になった。主演は松本潤。言わずと知れた人気俳優だ。

それも影響してか近年、家康に関する書籍が数多く出版されている。

本書『家康はなぜ乱世の覇者となれたのか』も、大河ドラマ放送に先立つ２０２２年10月に刊行されたものの文庫化である。

本書が他の家康本と大きく違う点はいくつかある。

一つは、著者がこれまで数多くの歴史小説を手掛けてきた、手練れの作家であること。

著者の安部龍太郎氏は１９９０年に『血の日本史』（大和時代から明治にいたる日本の歴史を四十六の短編で網羅した傑作。未読の方はぜひ）でデビューし、２０１５年からは家康の生涯を描く『家康』を精力的に執筆。他にも本能寺の変を描く

『信長燃ゆ』、戦国時代の朝廷をテーマに据えた『戦国秘譚　神々に告ぐ』など、本書のテーマにも大きく関わる戦国作品を多く物してきた。

そんな当代きっての書き手が、フィクションを排して家康という人物と真っ向から向き合ったのが本書である。

小説においても最新の学説を大胆に取り入れる著者らしく、本書でも多くの歴史家の研究成果を示しながら、家康の生涯を丹念にたどっていく。

松平家の発祥から幼少期、戦国大名としての自立を経て、天下人へ。そこで紹介される様々な説（三河一向一揆の持つ意味や、家康と武田信玄との駆け引き、築山事件の真相についての推論などなど）には、歴史マニアも唸《うな》らされるのではないだろうか。

その筆致はさすがの大ベテランと言うべきか、丁寧かつなめらかで、様々な学説を引きながらも論文的難解さに陥ることなく、飽きずに読ませてくれる。わかりやすい注釈もついているので、それほど歴史に詳しくない読者も、楽しみながらすんなりと家康の生涯や戦国時代の概要を摑《つか》むことができるだろう。

もう一つの特徴は、著者の視野の広さである。

本書は家康の生涯を追うだけのものではない。むしろ、家康という人物を通して戦国日本、ひいては十六世紀の世界のありようを描くことに主眼が置かれているようにさえ感じる。

近年、戦国時代の日本を世界史的視点から捉える研究が盛んになっている。この時代はちょうど、世界史におけるいわゆる大航海時代にあたり、地球規模で人、物、情報の交流が活発になった時期だった。スペイン・ポルトガルが世界各地で植民地を獲得し、その波は東アジアへも到達しつつある。日本と西洋との接触も、そうした流れの中にある出来事だった。

鉄砲が伝来し、日本国内の戦争が大きく形態を変えたことは周知の事実だ。鉄砲の使用に不可欠な鉛や硝石も、そのほとんどを海外からの輸入に頼っていた。だが、西洋との接触が日本にもたらした影響は、それだけにとどまらない。

著者が着目するのは、イエズス会の動向である。

著者も述べている通り、スペイン・ポルトガルの世界進出とイエズス会の世界布教は密接にリンクしていた。「未開の地に真の神の教えを広める」というスローガンが、植民地化のいわば大義名分だったのである。

そして、戦国大名たちはイエズス会を通じて鉛や硝石を得るため、領内での布教を許可し、ある者は自らキリスト教に改宗する。

家康の師とも言える信長も、自身は改宗こそしなかったものの、積極的にイエズス会宣教師と交流し、便宜を図った。桶狭間での勝利を、信長がスペインのテルシオ戦法に学んだ結果という著者の見立ては、突飛に聞こえるかもしれないが、まったくあり得ないとも言い切れない。

しかし、信長とイエズス会の蜜月はやがて破綻する。それが本能寺の変、秀吉の天下統一、さらには朝鮮出兵へと繫《つな》がっていくという一連の流れは、本書の読みどころの一つだ。

家康という人物を理解するにはまず、戦国がいかなる時代だったのかを知らなければならない。そして戦国時代の実相を知るには、日本国内の事情を見ていくだけではなく、世界史的な観点から考える必要がある。でなければ家康の行動や政策に込められた意味を正しく捉えることはできない。

ここまで広い視座で書かれた〝家康本〟は、おそらく他に例がないだろう。

そして本書の優れた点は、そうした史実の読み解き方だけではない。

本書のタイトルに反し、著者は家康を、「乱世の覇者」というよりも、「乱世を終わらせ、太平の世を築いた王者」として捉え直している。家康がある時期から「厭離穢土、欣求浄土」の旗印を掲げたのも、乱世の終結を目指す意志からだという。

三河の国衆に生まれた家康は、今川家に従属し、戦国大名として自立した後も織田と武田という大国に挟まれ、戦場を駆けずり回る青年期、壮年期を過ごした。ある時は累代の家臣たちと刃を交え、ある時は大敗を喫して自らも命の危険にさらされた。徳川という家を守るため、妻子に死を命じたことさえある。

家康ほど、乱世が生み出す苦しみを、身をもって体験した戦国大名は稀だ。「武士が戦を厭うはずがない」、「現代の価値観で歴史を語るな」といった声をよく聞くが、こうした体験を経た人物が平和を希求するのは当然と言えるのではないか。

家康はその理想を追い求め、結果として二百五十年に及ぶ太平の世を築き上げる。江戸幕府の支配が「浄土」と呼ぶに足るか否かは措《お》くとしても、偉業であることに間違いはない。

家康の死から四百年以上を経た二十一世紀の現在、世界は太平には程遠い。そんな時代だからこそ、いま一度、グローバルな視点から徳川家康という人物を見つめ直すことにも大きな意味があるだろう。

先にも触れたが、安部氏は幻冬舎から小説『家康』を刊行している。既刊が八巻という大河小説で、今のところ秀吉の朝鮮出兵がはじまったところまでが描かれている。

本書はその副読本としても最適だ。そちらもあわせてお読みいただければ、目の前にこれまでと違った戦国時代の風景が広がることだろう。

——小説家

本書は二〇二一年十月にＮＨＫ出版より刊行されたものです。

幻冬舎文庫

●好評既刊
謎解き広報課　わたしだけの愛をこめて
天祢　涼

よそ者の自分が広報紙を作っていいのかと葛藤する新藤結子。ある日、取材先へ向かう途中で町を大地震が襲う。広報紙は、大切な人たちを救うことができるのか。シリーズ第三弾！

●好評既刊
情事と事情
小手鞠るい

浮気する夫のため料理する装幀家、仕事に燃えるフェミニスト、若さを持て余す愛人。甘い情事の先に醜い修羅場が待ち受けるが――。恋愛小説の名手による上品で下品な恋愛事情。その一部始終。

●好評既刊
終止符のない人生
反田恭平

いたって普通の家庭に育ちながら、ショパンコンクール第二位に輝き、さらに自身のレーベル設立、オーケストラを株式会社化するなど現在進行形で革新を続ける稀代の音楽家の今、そしてこれから。

●好評既刊
脱北航路
月村了衛

祖国に絶望した北朝鮮海軍の精鋭達は、拉致被害者の女性を連れて日本に亡命できるか？　魚雷が当たれば撃沈必至の極限状況。そこで生まれる感涙の人間ドラマ。全日本人必読の号泣小説！

●好評既刊
できないことは、がんばらない
pha

「会話がわからない」「何も決められない」「今についていけない」――。でも、この「できなさ」こそ、自分らしさだ。不器用な自分を愛し、できないままで生きていこう。

家康《いえやす》はなぜ乱世《らんせい》の覇者《はしゃ》となれたのか

安部龍太郎《あべりゅうたろう》

令和6年12月5日　初版発行

発行人——石原正康
編集人——高部真人
発行所——株式会社幻冬舎
〒151-0051東京都渋谷区千駄ヶ谷4-9-7
電話　03(5411)6222(営業)
　　　03(5411)6211(編集)
公式HP　https://www.gentosha.co.jp/

印刷・製本—中央精版印刷株式会社

装丁者——高橋雅之

検印廃止

幻冬舎文庫

ISBN978-4-344-43435-6　C0195　あ-76-11